AF590535

2 Juin 1908 PN

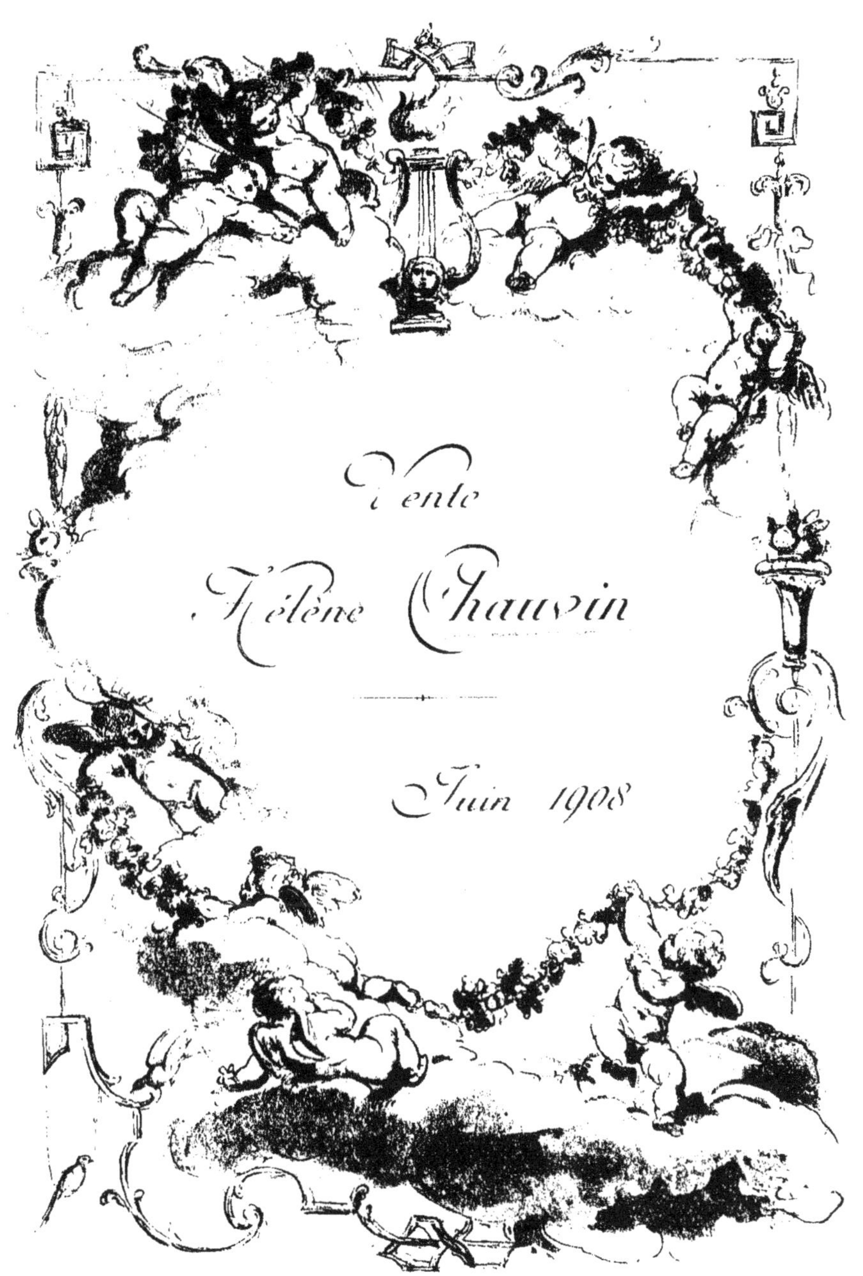

IMPORTANT MOBILIER

ANCIEN ET MODERNE

CONDITIONS DE LA VENTE

Elle sera faite au comptant.

Les acquéreurs paieront *dix pour cent* en sus des enchères.

L'Exposition permettant au public de se rendre compte de l'état et de la nature des objets mis en vente, aucune réclamation ne sera admise une fois l'adjudication prononcée.

Paris. — Imp. Georges Petit, 12, rue Godot-de-Mauroi. — 12762-08.

CATALOGUE

D'UN

Important Mobilier

ANCIEN ET MODERNE

ESTAMPES ANCIENNES DU XVIIIe SIÈCLE

DES ÉCOLES FRANÇAISE ET ANGLAISE

DESSINS, TABLEAUX, MINIATURES

FAIENCES ET PORCELAINES ANCIENNES

OBJETS DE VITRINE

Sculptures anciennes et modernes

BRONZES D'AMEUBLEMENT, PENDULES

Objets variés, Glaces

SIÈGES ANCIENS ET MODERNE

SIÈGES COUVERTS EN ANCIENNE TAPISSERIE

MEUBLES EN MARQUETERIE DU XVIIIe SIÈCLE

TAPISSERIES ANCIENNES

Tapis d'Orient, etc.

LE TOUT APPARTENANT A MLLE HÉLÈNE CHAUVIN

ET MEUBLANT UN HÔTEL PARTICULIER

24, boulevard de Courcelles, à Paris

OU AURA LIEU LA VENTE

Les Mardi 2, Mercredi 3 et Jeudi 4 Juin 1908, à 2 heures

COMMISSAIRE-PRISEUR	EXPERTS	
Mᵉ F. LAIR-DUBREUIL	MM. PAULME &	B. LASQUIN FILS
6, rue Favart, 6	10, rue Chauchat	12, rue Laffitte

EXPOSITIONS

24, Boulevard de Courcelles, à Paris

PARTICULIÈRE : *Le Dimanche 31 Mai 1908, de 1 h. 1/2 à h.*

PUBLIQUE : *Le Lundi 1er Juin 1908, de 1 h. 1/2 à 6 h.*

GRAVURES ANCIENNES

DU XVIIIe SIÈCLE

EN COULEURS ET EN NOIR

Des Écoles Française et Anglaise

ANONYME DU XVIIIe SIÈCLE

1 — *Sujet galant.*

Estampe en médaillon ovale avec encadrement, sans nom d'auteur.

Belle épreuve. Marge.

Cadre ancien en bois doré.

ANONYME DU XVIIIe SIÈCLE

2 — *La Visite du parrain.*

Petite estampe en médaillon ovale, sans nom de graveur.

Très belle épreuve *imprimée en couleurs*. Avec marge. Rare.

BAUDOIN (D'après P.-A.)

3 — « *Marchez tout doux, parlez tout bas.* »

Charmante petite estampe, sans nom de graveur, en réduction de l'estampe gravée par Choffard, et non décrite par E. Bocher. Elle est en manière noire.

Superbe épreuve, sans aucune lettre et avec marge. Rarissime.

BAUDOIN (D'après P.-A.)

4-7 — *Le Matin.*

Le Midi.

Le Soir.

La Nuit.

Suite complète de quatre estampes gravées par de Ghendt. Superbes épreuves *avant la lettre*, avec la *tablette blanche* et avec marge. Le *Matin* et le *Soir* sont avant le changement. Rares à rencontrer réunies dans cet état

Cadres anciens en bois doré.

8-9 — *Qu'est là.*

J'i vais.

Deux petites estampes formant pendants gravées par L. Marin (L. Bonnet).

Très belles épreuves *imprimées en couleurs*. Marge.

BOILLY (D'après L.)

10 — *Le Rosier (?).*

Estampe gravée par Tresca.
Très belle épreuve en couleurs. Avec marge.
Cadre ancien en bois doré.

11 — *Le Cadeau.*

Estampe gravée par Bonnefoy.
Belle épreuve en couleurs. Marge.

12 — *Qu'elle est gentille !*

Estampe gravée par Bonnefoy.
Belle épreuve en couleurs. Marge.

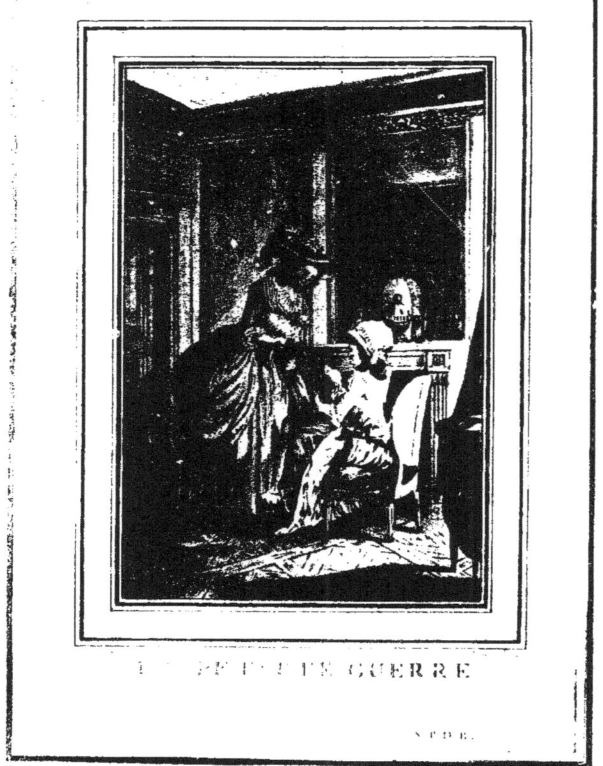

N° 70.

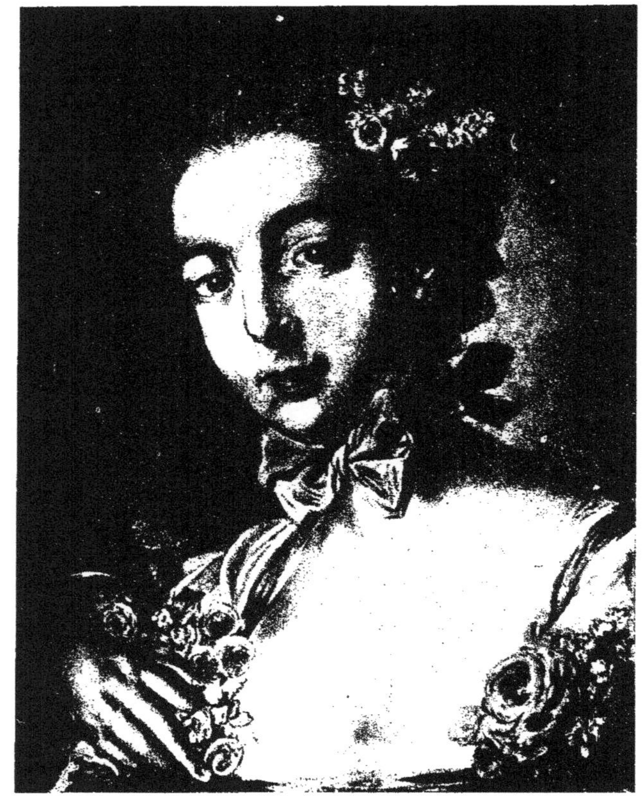

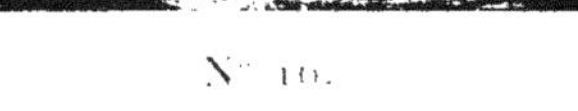

N° 10.

BOILLY (D'après L.

13 — *Prélude de Nina.*

Estampe gravée par Chaponnier.
Belle épreuve en couleurs. Marge.

14 — *L'Optique.*

Estampe gravée par Cazenave.
Superbe épreuve, ***imprimée en couleurs***, ***avant la lettre***. Marge.
Cadre ancien en bois doré.

15 — *L'Étude du dessin.*

Estampe en largeur, gravée par Cazenave.
Très belle épreuve en couleurs, ***avant la lettre***. Marge.

BOUCHER (D'après F.)

16 — *Tête de Flore.*

Estampe gravée en imitation de pastel par L. Bonnet.
Cette estampe, qui passait autrefois pour représenter la marquise de Pompadour, est le portrait de l'une des filles de Boucher : Mme Baudoin ou Mme Deshayes.
Superbe épreuve ***imprimée en couleurs***.
Cadre ancien en bois doré.

BOUNIEU (D'après)

17 — *La Confidence.*

Estampe gravée par Jubier.
Très belle épreuve *imprimée en couleurs*. Marge.
Rare.

BOUNIEU (D'après)

18 — *Le Maître de dessin.*

Estampe gravée par Jubier.

Très belle épreuve, *imprimée en couleurs.* Marge. Rare.

BUNBURY (D'après)

19 — *Occupation.*

Dans un intérieur, une jeune fille est au clavecin, une autre file et la troisième brode au tambour.

Estampe anglaise de forme ronde, gravée par Tomkins, élève de Bartolozzi.

Très belle épreuve en couleurs, *avant la lettre.* Avec marge.

Cadre ancien en bois doré.

CHALLE (D'après)

20 — *Les Amans trahis par leurs ombres.*

Estampe gravée par Wogts.

Très belle épreuve en couleurs. Marge.

21 — *Le Bouquet impromptu.*

Estampe gravée par Aug. Le Grand.

Très belle épreuve en couleurs. Marge.

22-23 — *Le Déjeuné.*

Le Portrait chéry.

Deux petites estampes gravées par Bonnet.

Très belles épreuves, *imprimées en couleurs.* Marge.

Cadres anciens en bois doré.

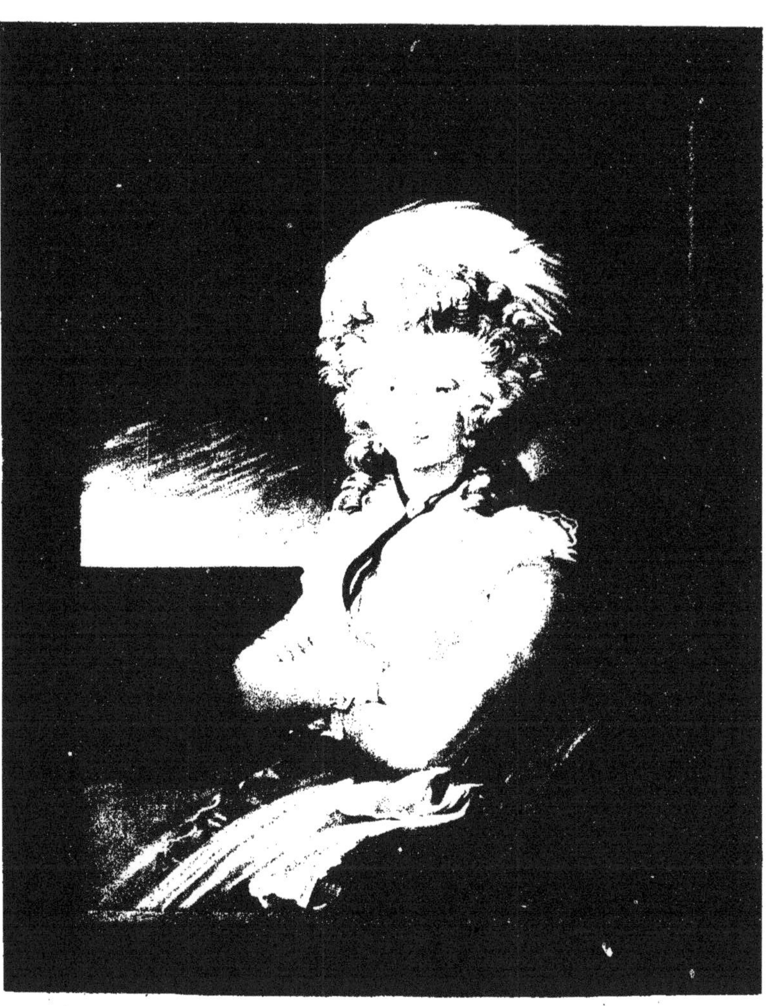

N° 26.

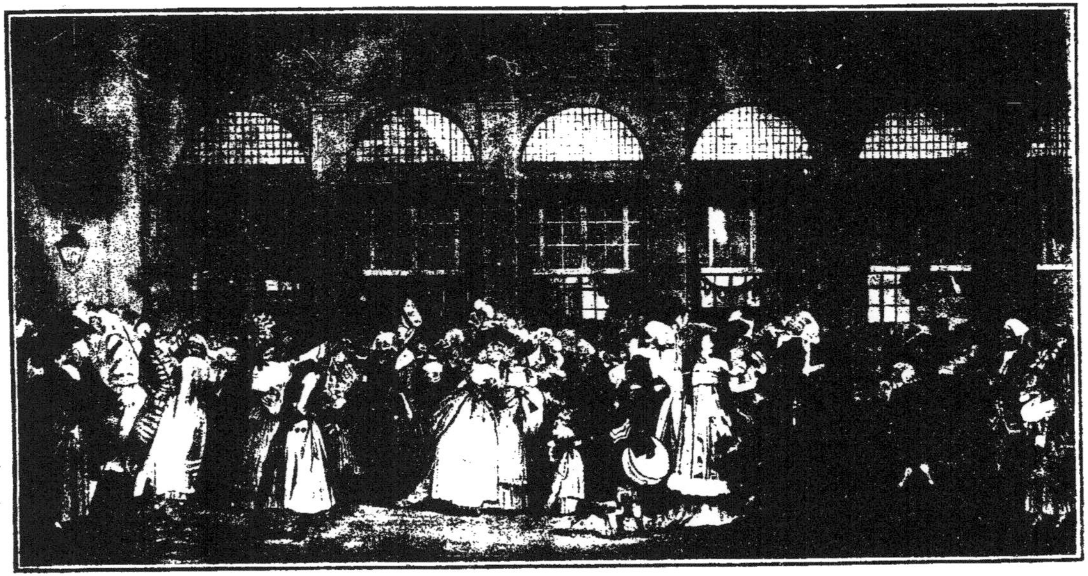

The Palais Royal gallery's Walk. — Promenade de la gallerie du Palais Royal.

N° 28.

CHALLE (D'après)

24 — *Le Modèle disposé.*

Estampe gravée par Chaponnier.
Belle épreuve en couleurs. Marge.

CIPRIANI (D'après)

25 — *Portrait de Jeune femme.*

Estampe anglaise gravée à la manière du crayon par Earlom.

Très belle épreuve avec grande marge.

COSWAY (D'après Maria)

26 — *Mrs. Cosway.*

Estampe gravée à la manière noire par V. Green, graveur de Sa Majesté.

Superbe épreuve avec marge. Très rare.

COUTELLIER

27 — *Portrait d'une actrice du XVIIIe siècle.*

Estampe en médaillon ovale.
Très belle épreuve *imprimée en couleurs*. Rare.

DEBUCOURT (P.-L.)

28 — *Promenade de la Gallerie du Palais-Royal, 1787.*

Importante estampe dans l'œuvre du maître, connue sous le titre la *Galerie de Bois*, et représentant la galerie d'Orléans, au Palais-Royal, rendez-vous de la société galante de l'époque. (M. Fenaille, n° 11.)

Très belle et rare épreuve *imprimée en couleurs* par Chapuy. Avec la faute au mot imprimé qui est écrit *Emprimé*. Marge.

Cadre ancien en bois doré.

DEBUCOURT (P.-L.)

29-30 — *L'Escalade ou les Adieux du matin.*

Heur et Malheur, ou la Cruche cassée.

Deux estampes formant pendants. (M. Fenaille, nos 12 et 13.)

Très belles épreuves, *imprimées en couleurs.* Marge. Rares.

Cadres anciens en bois doré.

31-32 — *Le Compliment, ou la Matinée du Jour de l'an.*

Les Bouquets, ou la Fête de la Grand-maman.

Deux estampes en médaillons ovales, sur fond marbré équarri, formant pendants. (M. Fenaille, nos 15 et 16.)

Très belles épreuves, *imprimées en couleurs.* Marge. L'épreuve des *Bouquets* est avec le nom de *De Bucourt* à la pointe sèche. Rare.

33 — *La Rose mal défendue.*

Estampe publiée en 1791. (M. Fenaille, n° 27.)

Très belle épreuve *imprimée en couleurs*, avec l'adresse de Depeuille. Marge. Très rare.

34-35 — *L'Oiseau privé.*

Pauvre Annette.

Deux estampes formant pendants. (M. Fenaille, nos 51 et 52.)

Très belles épreuves avec marge. Rares.

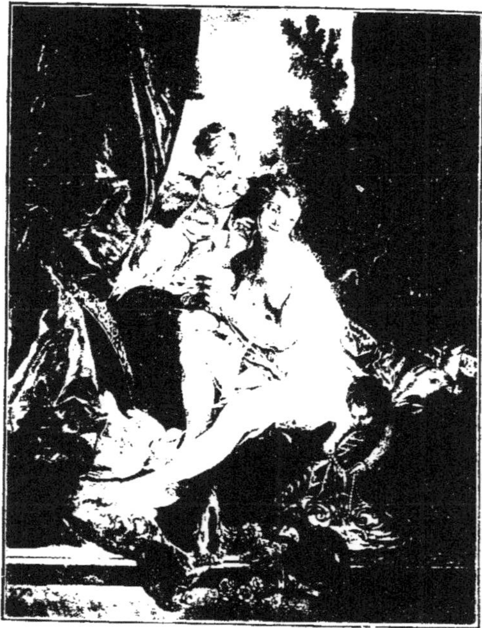

N° 62.

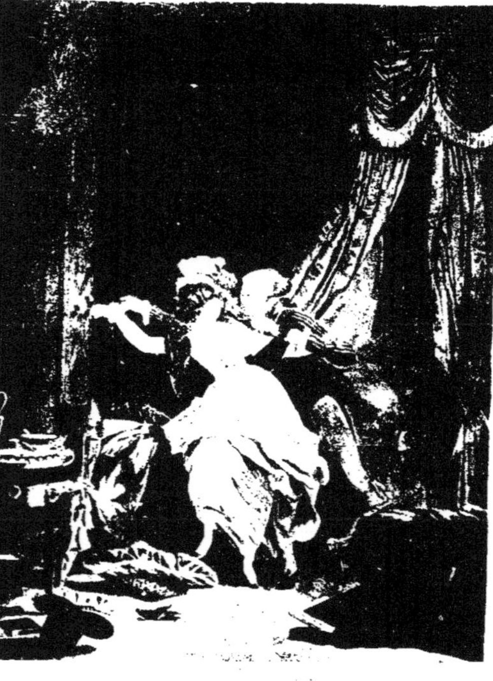

N° 33.

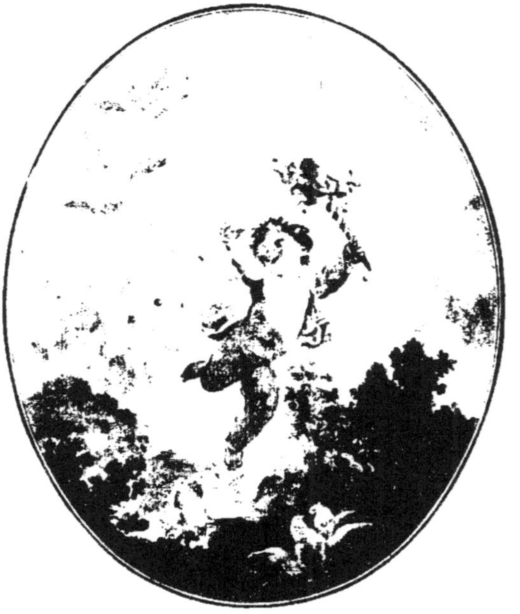

N° 44.

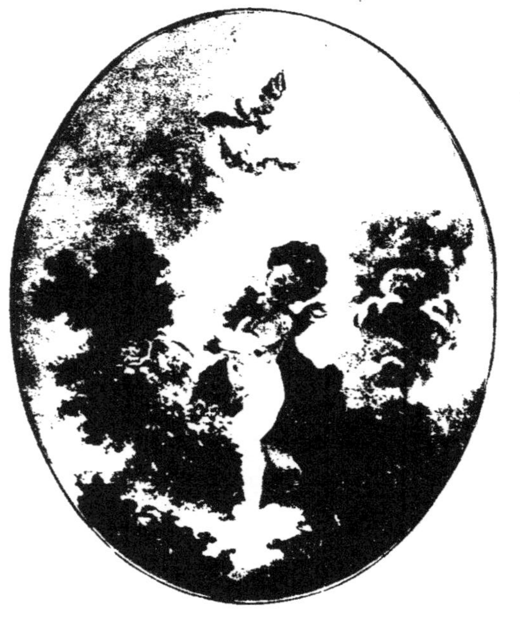

N° 45.

DEMARTEAU (G.)

36 — *Une Liseuse (Portrait de Mme Huet).*

Estampe d'après J.-B. Huet. (Œuvre de Demarteau, n° 408.)

Très belle épreuve **imprimée en couleurs**, en imitation de dessin aux crayons.

37 — *Pastorale.*

Petite estampe d'après F. Boucher.

Belle épreuve imprimée en sanguine. Marge.

DESRAIS (D'après C.-L.)

38-41 — *Sujets galants.*

Suite de quatre petites estampes de forme ronde, gravées par Mixelle.

Très belles épreuves *imprimées en couleurs.* Rares.

ÉCOLE ANGLAISE DU XVIIIe SIÈCLE

42 — *Portrait de femme.*

Estampe en médaillon ovale.

Très belle épreuve *imprimée en couleurs.* Rare.

FRAGONARD (D'après H.)

43-44 — *L'Amour.*

La Folie.

Deux estampes en médaillons ovales, formant pendants, gravées par F. Janinet.

Très belles épreuves **imprimées en couleurs.** Grande marge. Très rares.

Cadres anciens en bois doré.

FRAGONARD (D'après H.)

45 — *Ma Chemise brûle!*

Estampe gravée par Aug. Le Grand.

Superbe et rare épreuve *imprimée en couleurs.* Marge.

Cadre ancien en bois doré.

FREUDEBERG (D'après)

46 — *La Félicité villageoise.*

Estampe gravée par N. de Launay.

Très belle épreuve.

GRAVELOT (D'après H.)

47 — *Vignettes.*

Deux petits médaillons provenant de vignettes d'illustrations.

Encadrés.

HUET (D'après J.-B.)

48 — *La Collation.*

Petite estampe gravée par L. Bonnet.

Très belle épreuve *imprimée en couleurs.* Marge. Rare.

49 — *Le Saut du taureau.*

Petite estampe sans nom de graveur.

Très belle épreuve *imprimée en couleurs.* Marge. Rare.

50-51 — *Pastorales.*

Deux estampes gravées par Demarteau.

Superbes épreuves *imprimées en couleurs*, sans marge.

Cadres anciens en bois doré.

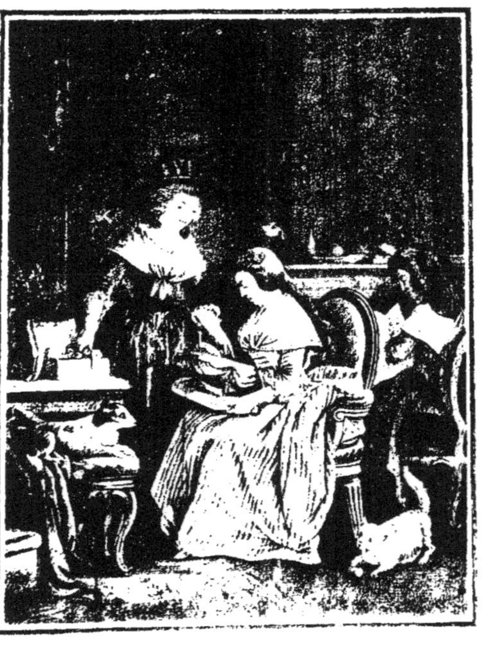

N° 54.

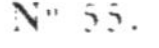

N° 55.

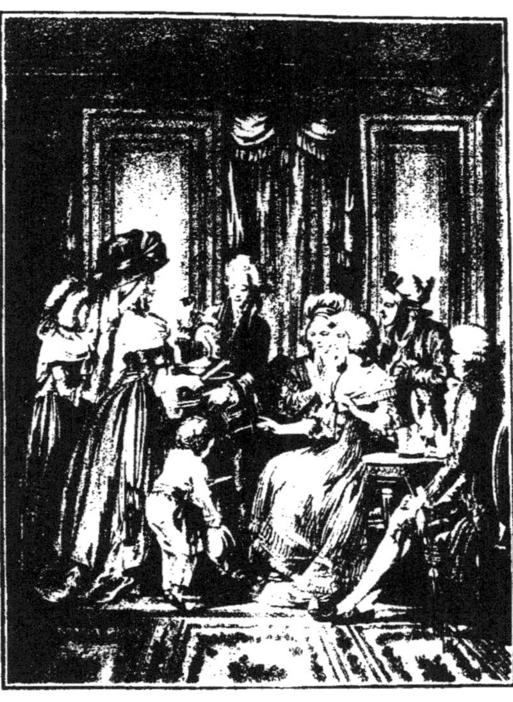

N° 57.

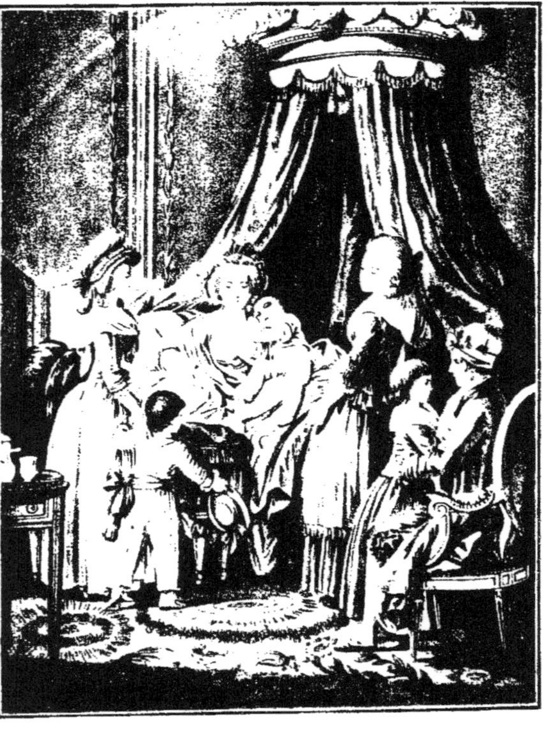

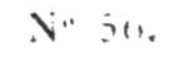

N° 56.

HUET (D'après J.-B.)

52 — *Le Goûter champêtre.*

Estampe gravée par Jubier.
Très belle épreuve *imprimée en couleurs*. Marge.
Cadre ancien en bois doré.

53 — *Le Cerisier.*

Estampe gravée par Jubier.
Très belle épreuve *imprimée en couleurs*. Marge.
Cadre ancien en bois doré.

54-55 — *La Brodeuse au tambour.*

La Racommodeuse de dentelle.

Deux estampes formant pendants, gravées par L. Bonnet.

Superbes et très rares épreuves *imprimées en couleurs*. Marge.

56-57 — *Les Compliments du Jour de l'an.*

Les Présents du Jour de l'an.

Deux estampes formant pendants, gravées par L. Bonnet.

Superbes et rares épreuves *imprimées en couleurs, avant toutes lettres*. Marge. Très rares.

Cadres anciens en bois doré.

JANINET (F.)

58-59 — *Le Baiser de l'amour.*

Le Baiser de l'amitié.

Deux estampes formant pendants, en médaillons ovales équarris, d'après Doublet.

Très belles épreuves *imprimées en couleurs et avant la lettre.*

JANINET (F.)

60-61 — *Le Sommeil de Vénus.*

Le Réveil de Vénus.

Deux charmantes petites estampes ovales formant pendants, d'après F. Boucher et Charlier.

Superbes épreuves *imprimées en couleurs*, *avant la lettre* et avec grande marge. Rarissimes.

62 — *La Toilette de Vénus.*

L'une des plus belles estampes du XVIIIe siècle, d'après une composition de F. Boucher qui a représenté sous les traits de Vénus la marquise de Pompadour.

Magnifique épreuve *imprimée en couleurs*, avec les trois amours.

Très grande marge. Fort rare en aussi belle condition.

Cadre ancien en bois doré.

63 — *Mademoiselle du T...* (Rosalie Duthé).

Charmante estampe d'après un portrait de la célèbre courtisane, dessiné par Lemoine.

Superbe épreuve *imprimée en couleurs*, sur son ancien encadrement gravé. Marge. Excessivement rare en cet état.

Cadre ancien en bois doré.

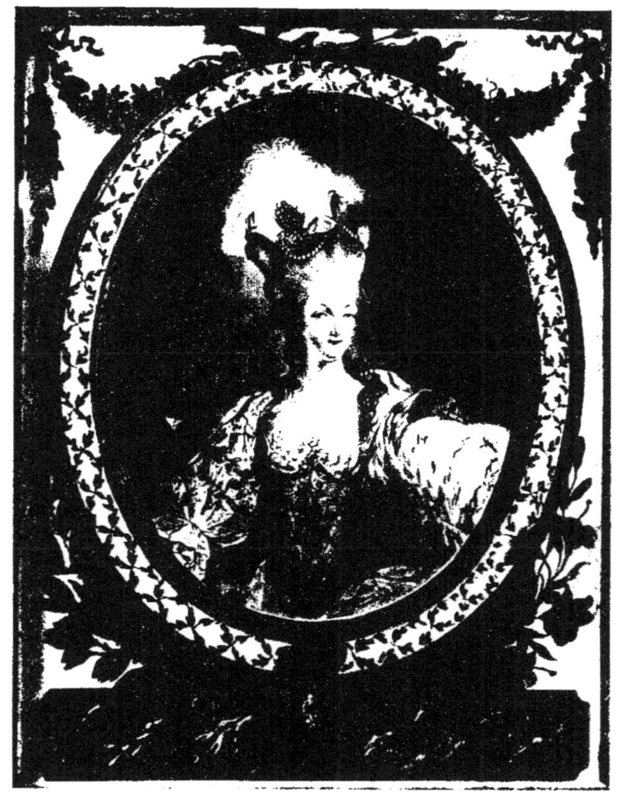

N° 64.

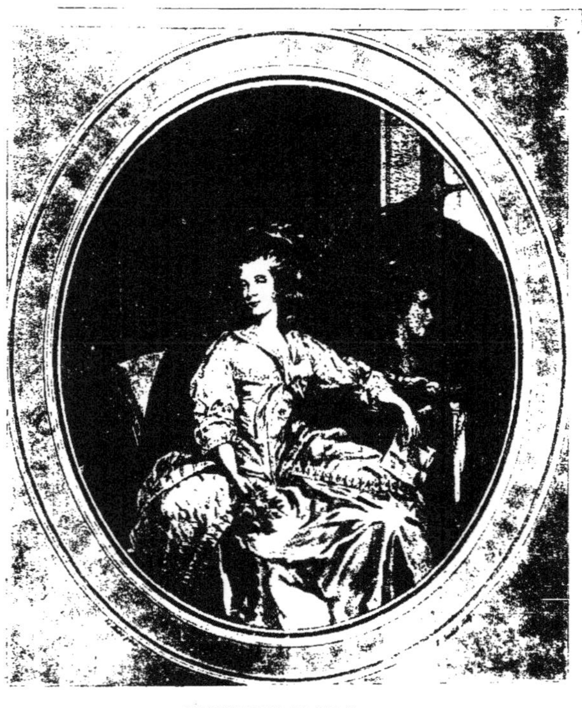

N° 63.

JANINET (F.)

64 — *Marie-Antoinette d'Autriche, reine de France et de Navarre.*

Estampe accompagnée d'un cadre ornementé, simulant le marbre et rehaussé d'or. Le plus célèbre des portraits de la Reine.

Très belle et rare épreuve *imprimée en couleurs*, avec son cadre également *imprimé en couleurs*, avec la planche de dorure.

Cadre ancien en bois doré.

KAUFFMANN (D'après Angelica)

65 — *The Attentive Nurse.*

Estampe anglaise publiée par R. Sayer en 1790, et gravée à la manière noire.

Superbe épreuve *avant toutes lettres* et avec de nombreux essais de roulette dans la marge intérieure.

66 — *Lady Rushout and daughter.*

Estampe anglaise en médaillon ovale, gravée par J. Burke.

Très belle épreuve imprimée en rouge. Marge.

LE BEL (D'après)

67 — *La Voilà prise.*

Estampe gravée par Niquet.

Belle épreuve avec marge.

LAWREINCE (D'après N.)

68 — *L'Aveu difficile.*

Estampe gravée par F. Janinet.

Superbe et rare épreuve *imprimée en couleurs*, avec une très grande marge.

69 — *L'Indiscrétion.*

Estampe gravée par F. Janinet et faisant pendant à la précédente.

Superbe et rare épreuve *imprimée en couleurs*, avec une très grande marge.

70 — *La Petite guerre.*

Petite estampe gravée à la manière du lavis par Mixelle.

Superbe épreuve *imprimée en couleurs.* Marge. Très rare.

Cadre ancien en bois doré.

71 — *Ah! laisse-moi donc voir.*

Petite estampe libre gravée par F. Janinet.

Très belle épreuve *imprimée en couleurs.* Marge.

Cadre ancien en bois doré.

72 — *Le Lever des Ouvrières en modes.*

Estampe en contre-partie de celle gravée par Dequevauviller, sans nom de graveur, mais seulement les initiales L. C., et publiée *A Paris, chez les Campions frères rue St-Jacques à la Ville de Rouen.*

Très belle épreuve *imprimée en couleurs*, d'un état non décrit, avec l'adresse rue Saint-Jacques, au lieu de rue Saint-Hyacinthe. Marge. Très rare.

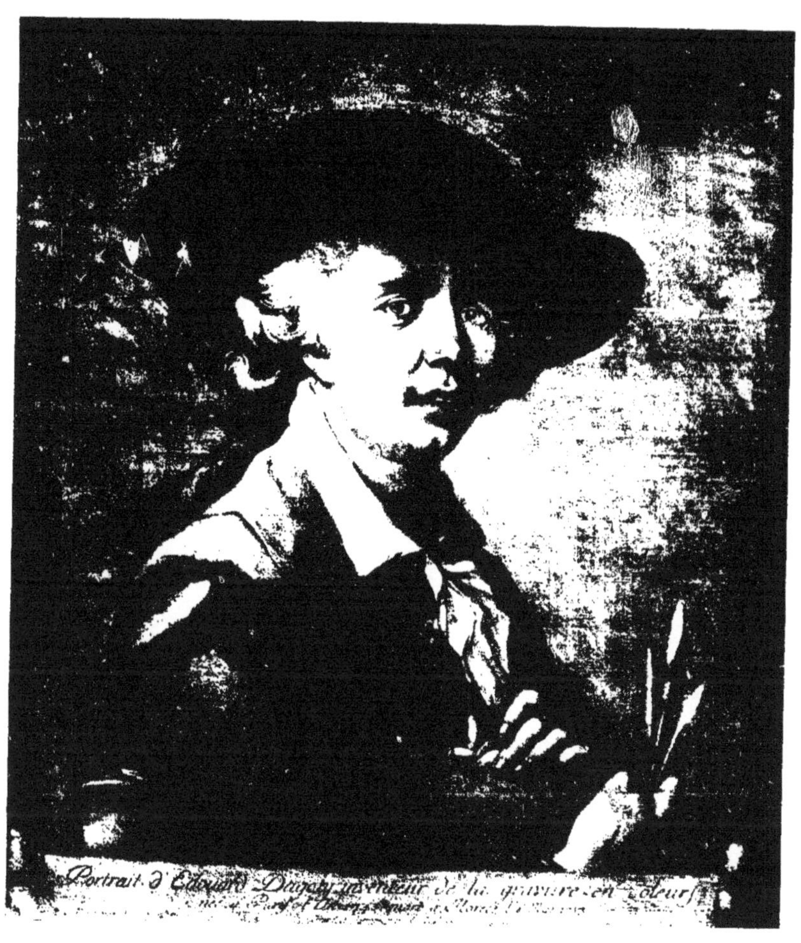
Portrait d'Edouard Dagoty inventeur de la gravure en couleurs

N° 73.

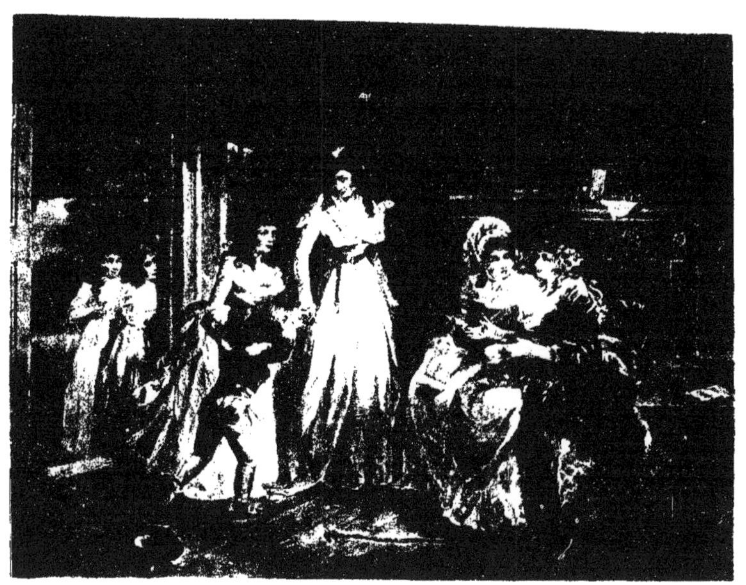

N° 76.

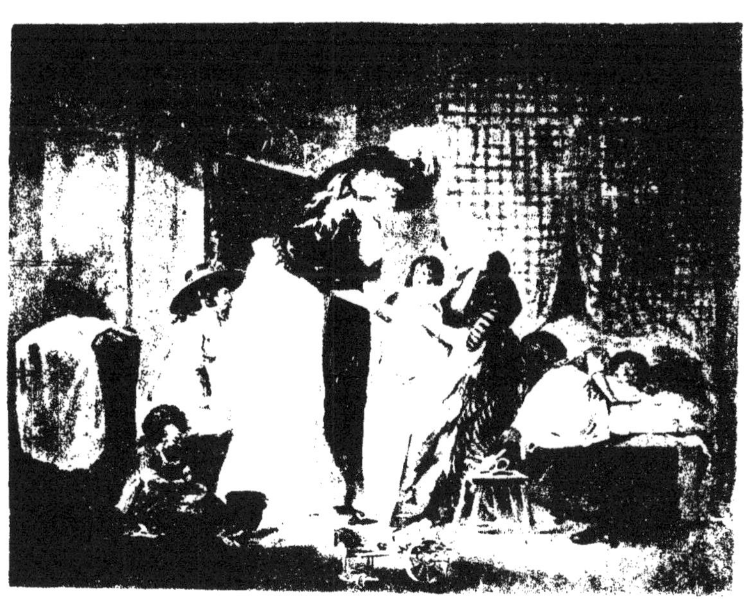

N° 77.

LASINIO

73 — *Portrait d'Edouard Dagoty, inventeur de la gravure en cöleurs, née à Paris, l'an 1745, mort à Florëce l'8 Maj 1783. Gravé et dessiné par Lasinio* (sic).

Superbe épreuve de ce rarissime portrait ***imprimé en couleurs*** par *Labrelif*, d'après une peinture de *Kanchsius*.

Cadre ancien en bois sculpté doré.

MOREAU LE JEUNE (D'après J.-M.)

74 — *La Dispute.*

Vignette in-4° pour les *Œuvres de J.-J. Rousseau*, gravée par A.-J. Duclos.

Très belle épreuve avec les noms des artistes, à la pointe avec toute sa marge.

MORLAND (D'après G.)

75 — *Dressing for the masquerade.*

Estampe anglaise originale par J.-R. Smith.
Très belle épreuve avec marge.

76-77 — *A Visit to the Boarding-school.*

A Visit to the Child at nurse.

Deux estampes anglaises, formant pendants, gravées par W. Ward.

Superbes et très fraîches épreuves, ***imprimées en couleurs***, avec marge. Très rares en cet état.

PETERS (D'après W.)

78 — *Lydia.*

Charmante estampe anglaise, gravée à la manière noire, par Dickinson.

Très belle épreuve avec marge. Rare.

READ (D'après C.)

79 — *Elizabeth, Duchess of Hamilton, etc.*

Estampe anglaise, gravée en manière noire, par R. Lowry.

Très belle épreuve *avant la lettre* (tracée à la pointe). Marge.

80 — *Le même portrait.*

Estampe gravée par le même artiste, en réduction de la planche précédente.

Superbe épreuve avec marge.

REYNOLDS (D'après Sir Joshua)

81 — *The Sleeping Girl.*

Estampe anglaise, gravée par J. Jones.

Superbe épreuve *imprimée en couleurs.* Marge. Rare.

82 — *Miss Horneck.*

Estampe gravée à la manière noire, par R. Dunkarton.

Superbe épreuve avec grande marge. Rare.

83 — *Lady Smith.*

Estampe anglaise, gravée par F. Bartolozzi.

Superbe épreuve imprimée en bistre avec une très grande marge. Rare.

84 — *Jane Countess of Harrington, Lord Viscount Petersham and the Honble Lincoln Stanhope.*

Estampe anglaise, gravée par F. Bartolozzi.

Belle épreuve en noir avec marge.

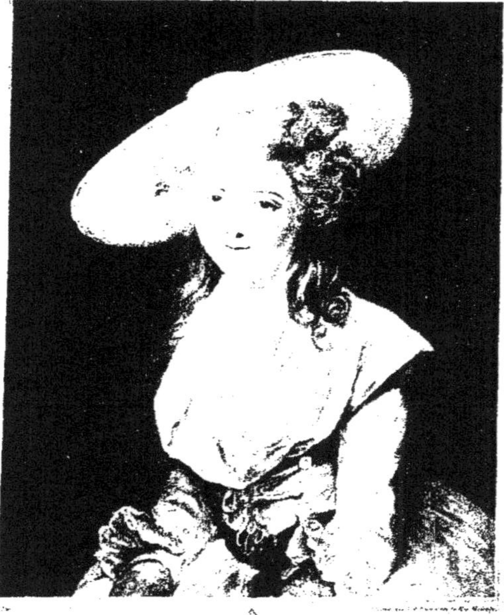

N° 85.

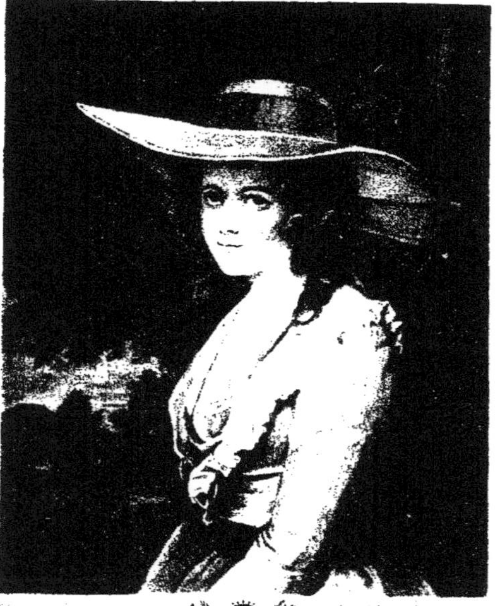

N° 86.

REYNOLDS (D'après Sir Joshua

85-86 — *The Honourable Miss Bingham.*

The Rt Honourable Countess Spencer.

Deux estampes anglaises, formant pendants, gravées par F. Bartolozzi.

Superbes et très rares épreuves, ***imprimées en couleurs***. Marge.

SAINT-JEAN (D'après I.-D. de)

87 — *Femme de qualité en déshabillé d'hiver.*

Estampe provenant d'un recueil de costumes.

Épreuve coloriée et rehaussée d'or.

SAYER (Publié chez R.)

88-100 — *Covent-Garden. — Old wheat sheat in the trap of Venus and Bacchus. — The Musical charmer. — The Surprize. — The ruined girl. — Two impures of the Ton driving to the Gigg Shop. — The mitting villager. — Damon and Pastora. — Starting of game. — Palemon and Lavinia. — The pretty milliners. — Scene in the school. — A scene in a Munnery garden.*

Suite de treize estampes anglaises en couleurs avec marges.

SMITH (Par et d'après J.-R.)

101 — *The Promenade at Carlisle House.*

Une des plus belles et des plus intéressantes estampes de l'École anglaise du XVIIIe siècle, dans laquelle l'artiste a groupé les femmes à la mode de la société anglaise. Parmi celles-ci on reconnaît Lucy Hasweld, Miss Moss, Henrietta Montagu, Charlotte Sommerville, Maria Townley, Maria Weddon, etc. Gravée en manière noire.

Superbe et rarissime épreuve du premier état *avant la lettre.*

La légende est tracée à la pointe, et de nombreux essais d'aquatinte salissent encore la marge inférieure. Marge.

Cadre ancien en bois doré.

SMITH (D'après J.-R.)

102 — *A Visit to the grandfather.*

Estampe anglaise, gravée par Dayes.

Superbe épreuve *imprimée en couleurs.* Marge.

SMITH (J.-R.)

103 — *A Visit to the grandmother.*

Estampe anglaise, d'après Northcote, faisant pendant à l'estampe précédente.

Superbe épreuve *imprimée en couleurs.* Marge.

SMITH (D'après J.-R.)

104 — *A Lecture on gadding.*

Estampe anglaise, gravée par F. Bartolozzi.

Très belle épreuve imprimée en noir. Grande marge.

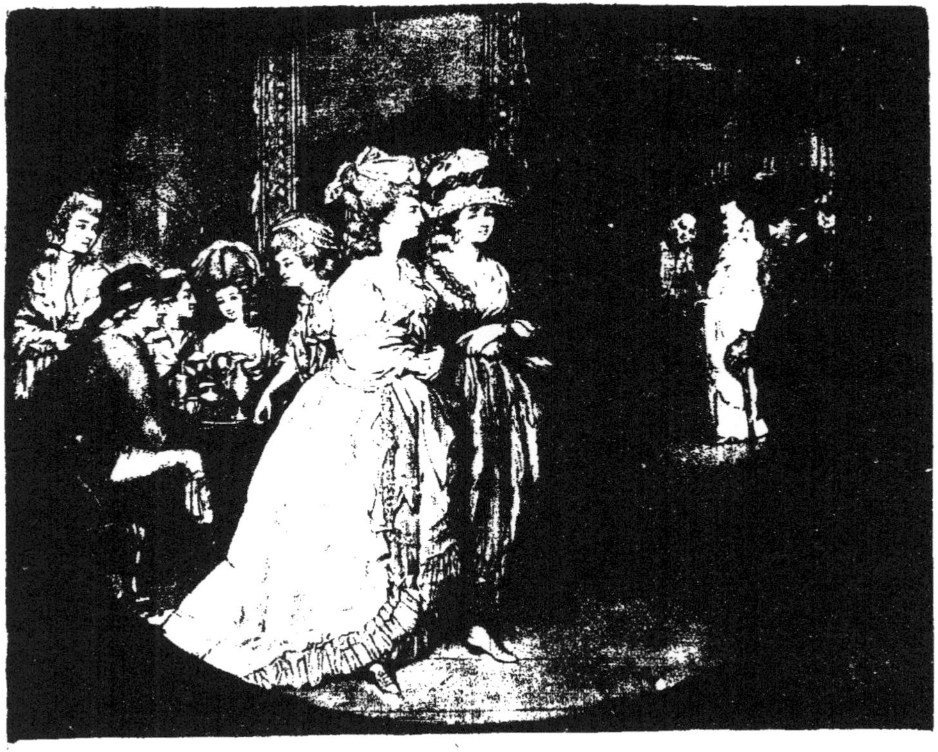

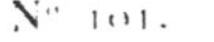

N° 101.

TAUNAY (D'après N.)

105-108 — *La Noce de village.*

La Foire de village.

La Rixe.

Le Tambourin.

Célèbre suite de quatre estampes gravées par Descourtis.

Superbes épreuves *imprimées en couleurs*, avec marge. Les deux premières, les seules dont la lettre ait été modifiée, sont *avec les armes*, qui ont été supprimées dans les tirages postérieurs. Suite rare à trouver complète en aussi belle condition.

Cadres richement ornés en bois sculpté doré.

109 — *Noce de village.*

Foire de village.

Deux petites estampes gravées par Descourtis, en réduction, et formant pendants.

Superbes épreuves en couleurs avec marge. Encadrées ensemble.

V... (D'après)

110 — *La Soirée du Palais-Royal.*

Estampe gravée par Caquet.

Très belle épreuve avec une très grande marge.

WARD (D'après J.)

111 — *Compassionate Children.*

Estampe anglaise gravée par W. Ward.

Superbe épreuve, *imprimée en couleurs*, avec marge. Très rare à rencontrer de cette qualité.

WATSON (J.)

112 — *Portraits de deux sœurs.*

Estampe anglaise d'après Peter Lion.

Superbe épreuve en manière noire, ***avant la lettre,*** avec les armes. Les noms des artistes et l'adresse tracés à la pointe. Marge.

WHEATLEY (D'après)

113 — *Morning.*

Estampe anglaise gravée par Jos. Barney.

Très belle épreuve, ***imprimée en couleurs.*** Marge.

114 — *Do you want any matches?*

Estampe anglaise faisant partie de la suite des *Cris de Londres* (n° 4), gravée par A. Cardon.

Superbe et très fraiche épreuve, ***imprimée en couleurs.*** Marge. Rare.

115 — *New mackrel, new mackrel!*

Estampe anglaise faisant partie de la même suite (n° 5), gravée par Schiavonetti.

Superbe épreuve, ***imprimée en couleurs.*** Marge. Rare.

116-118 — *Sweet China oranges!* (n° 3).

Strawberrys, scarlet strawberrys! (n° 9).

Old chairs to mend! (n° 10).

Trois estampes anglaises de la suite des *Cris de Londres*, gravées par Schiavonetti et Vendramini.

Belles épreuves imprimées en noir avec marge.

WILLE (D'après)

119-120 — *Le Miroir consulté.*

Les Deux boutons.

Deux estampes en médaillons ovales, formant pendants, gravées par Vidal.

Très belles épreuves *imprimées en couleurs.* Grande marge.

Cadres anciens en bois doré.

Tableaux, Pastels, Dessins

ANCIENS & MODERNES

ÉCOLE ANGLAISE

121 — *Portrait de femme et enfant.*

Toile. Haut., 1 mètre; larg., 78 cent.

Cadre ancien en bois doré.

ÉCOLE ANGLAISE

122 — *Portrait de jeune femme assise.*

Dessin au crayon noir et à la sanguine.

ÉCOLE FRANÇAISE DU XVIIIe SIÈCLE

123 — *Paysages.*

Six petites gouaches de forme ronde.

ÉCOLE FRANÇAISE DU XVIIIe SIÈCLE

124 — *L'Atelier du sculpteur.*

Pastel de forme ovale.

Haut., 55 cent.; larg., 44 cent.

ÉCOLE FRANÇAISE DU XVIIIe SIÈCLE

125 — *Jeune femme en buste.*

Pastel de forme ovale.

Haut., 53 cent.; larg., 42 cent.

ÉCOLE FRANÇAISE DU XVIIIe SIÈCLE

126 — *Portrait d'enfant.*

Pastel.

Haut., 44 cent.; larg., 36 cent.

ÉCOLE FRANÇAISE DU XVIIIe SIÈCLE

127 — *Jeune femme coiffée d'un voile.*

Pastel de forme ovale.

Haut., 27 cent.; larg., 22 cent.

Cadre ancien en bois doré.

ÉCOLE FRANÇAISE DU XVIIIe SIÈCLE

128 — *Enfants jouant avec une chèvre.*

Peinture décorative.

Toile. Haut., 72 cent.; larg., 78 cent.

Cadre ancien en bois doré.

ÉCOLE FRANÇAISE DU XVIIIe SIÈCLE

129 — *Portrait de jeune femme.*

Toile de forme ovale. Haut., 70 cent.; larg., 57 cent.

Cadre à fronton et chutes de fleurs.

ÉCOLE FRANÇAISE DU XVIIIe SIÈCLE

130-131 — *Portraits de jeune garçon et de fillette.*

Deux petits pastels de forme ovale formant pendants.

Haut., 30 cent.; larg., 24 cent.

ÉCOLE FRANÇAISE DU XVIIIe SIÈCLE

132 — *Portrait de jeune femme.*

En corsage blanc et fichu de gaze, avec couronne de roses dans les cheveux.

Toile ovale. Haut., 64 cent.; larg., 52 cent.

ÉCOLE FRANÇAISE DU XVIIIe SIÈCLE

133 — *Portrait de Mme de Nevers.*

En buste, la poitrine décolletée.

Toile ovale. Haut., 76 cent.; larg., 58 cent.

Cadre ancien en bois doré.

ÉCOLE FRANÇAISE DU XVIIIe SIÈCLE

134 — *Portrait de jeune garçon.*

Tenant un album sous le bras.

Toile. Haut., 64 cent.; larg., 49 cent.

Cadre ancien en bois doré.

BOUCHER (Atelier de F.)

135 — *Têtes d'études.*

Dessin aux crayons noir et blanc rehaussé de lavis.

BOUCHER (Genre de F.)

136 — *La Toilette.*

Pastel de forme ovale.

Haut., 51 cent.; larg., 41 cent.

Cadre ancien en bois doré.

DESFRICHES

137 — *Paysage avec personnages et animaux.*

Dessin rehaussé de gouache.

HOREMANS (J.)

138 — *Le Déjeûner.*

Toile. Haut., 81 cent.; larg., 65 cent.

HUET (J.-B.)

139 — *Sujets mythologiques.*

Deux toiles formant pendants.

Haut., 23 cent.; larg., 30 cent.

LANCRET (D'après N.)

140 — *Le Jeu de tric-trac.*

Bois. Haut., 28 cent.; larg., 36 cent.

LE GUAY

141 — *Les Deux amies.*

Dessin à la mine de plomb.

REMBRANDT

142 — *Étude de femme nue, debout.*

Dessin à la sanguine.

WATTEAU de Lille (Louis)

143-144 — *Le Retour à la ferme.*

Le Marchand de pigeons.

Deux tableaux formant pendants. Signés et datés.

Toiles. Haut., 31 cent.; larg., 40 cent.

Cadres anciens en bois doré.

WATTEAU de Lille (Louis)

145 — *Soldats et servantes d'auberge.*

Peinture signée.

Bois. Haut., 28 cent.; larg., 22 cent.

Objets d'art & d'ameublement

PORCELAINES ET FAIENCES

ANCIENNES ET MODERNES

146 — Vase en ancienne faïence de Lille, lambrequin et rinceaux en bleu.

147 — Potiche en ancienne faïence de Delft, à décor de branches fleuries en bleu.

148 — Gargoulette en ancienne faïence de Savone, décor et inscription en bleu. (Marque.)

149 — Cachepot-jardinière en ancienne faïence de Marseille, décor à fleurs en couleur.

150 — Porte-bouquet applique en ancienne faïence, décor chinois en camaïeu.

151 — Paire de vases-jardinières sur socles, à emboîtement en porcelaine de Paris, de *Schœlcher*.

152 — Deux grands vases-jardinières à deux anses, en porcelaine décorée en couleur et dorure : amples bouquets de fleurs et bordure à dentelle.

153 — PAIRE DE VASES couverts en porcelaine de Berlin, à médaillons de personnages, bouquets de fleurs en couleurs. Les couvercles surmontés d'oiseaux décorés au naturel.

154 — PAIRE DE GRANDS VASES en porcelaine décorée dans le genre de Sèvres, à fond gros bleu de roi et médaillons en réserves décorés en couleurs : paysages et pastorales d'après F. Boucher. Monture en cuivre doré.

Haut., 80 cent.

155 — CACHE-POT, à deux anses rocailles, en ancienne porcelaine allemande, décoré en couleurs de bouquets de fleurs et fleurettes.

156 — STATUETTE : *Enfant vendangeur*, ancienne terre de Cyfflé.

157 — STATUETTE : *Fillette tenant une balance*, ancien biscuit de Nierderviller.

158 — DEUX PETITES STATUETTES : *Enfants*, porcelaine blanche de *Berlin*. Deux autres : *Amours musiciens*, même porcelaine décorée.

159 — DEUX STATUETTES en biscuit : Danseuses.

160 — DEUX GROUPES ALLÉGORIQUES formant pendants : femme et enfant, en ancien biscuit.

161 — STATUETTE en ancien biscuit : petite fille assise tenant une jatte de lait .

162 — GRAND VASE sur piédouche, à deux anses et culot ornés de guirlandes ou de feuillages, en biscuit.

Haut., 68 cent.

163 — Groupe : *Arlequin et Arlequine*, ancienne porcelaine blanche de Naples.

164 — Statuette : *Amour*, en porcelaine de Furstenberg.

165 — Statuette : *Petite Frileuse;* ancienne porcelaine de Frankenthal.

166 — Flambeau à deux lumières, fait d'une statuette de *Joueuse de vielle*, en ancienne porcelaine de Saxe; monture en bronze sur terrasse à rocailles et feuillages. Époque Louis XV.

167 — Oiseau jaune, à ailes noires, sur tronc d'arbre. Ancienne porcelaine de Saxe.

168 — Oiseau sur tronc d'arbre feuillagé, décoré au naturel. Ancienne porcelaine de Saxe.

169 — Très petite corbeille. Ancienne porcelaine de Saxe.

170 — Boite ovale, à rinceaux, guirlandes de fleurs et figures; monture en or. Ancienne porcelaine de Saxe.

171 — Statuette : *Joueur de violon*. Ancienne porcelaine de Saxe.

172 — Coq et Poule. Porcelaine de Saxe.

173 — Petit cerf courant, sur terrasse à feuillage. Ancienne porcelaine de Saxe.

174 — Chien griffon, décoré au naturel. Ancienne porcelaine de Saxe.

175 — Groupe de deux figures : *le Galant berger.* Ancienne porcelaine de Saxe : terrain fleuri et moutons.

176 — Statuette : *Chasseur.* Ancienne porcelaine de Saxe.

177 — Deux statuettes : *la Marchande de poissons, la Cabaretière.* Ancienne porcelaine de Saxe.

178 — Groupe de cinq figures : *Sujet champêtre.* Porcelaine de Saxe-Marcollini.

179 — Statuette : Jeune femme assise près d'une table. Ancienne porcelaine blanche de Saxe.

180 — Petite statuette : Homme debout, l'épée au côté. Ancienne porcelaine de Saxe.

181 — Groupe de deux figures : Sujet galant. Ancienne porcelaine de Saxe, au point.

182 — Groupe de deux figures : Jeune homme et jeune femme. Ancienne porcelaine de Saxe.

183 — Deux statuettes figurant l'*Été* et l'*Hiver.* Ancienne porcelaine de Saxe.

184 — Statuette représentant un Marchand d'œufs. Ancienne porcelaine de Saxe.

185 — Statuette : Jeune femme jouant de la flûte. Ancienne porcelaine de Saxe.

186 — Groupe de quatre enfants symbolisant *l'Hiver*. Porcelaine de Saxe, décorée en couleurs.

187 — Deux petits flacons formés d'un vase fleuri et chien carlin. Ancienne porcelaine de Saxe.

188 — Deux petits flacons en ancienne porcelaine tendre : *Enfant tenant un bouc* et *Jeune femme endormie auprès d'un chien* dont le collier porte inscrit le mot : *Fidèle*.

189 — Tête-a-tête composé de deux tasses et soucoupes, cafetière, pot-à-lait et sucrier, décoré en couleurs de fleurs et médaillons à initiales. Ancienne porcelaine de Wallendorf.

190 — Très petit service a thé de poupée, en porcelaine blanche rehaussée de dorure.

191 — Éléphant debout, en porcelaine, sur terrasse en bronze doré de style Louis XV.

192 — Potiche en ancienne porcelaine de Chine, décorée en couleurs de fleurs et feuillages. Lambrequin et quatre petits anneaux fixés à l'épaulement.

Haut., 34 cent.

193 — Petit vase-cassolette fait d'une théière en ancienne porcelaine de Chine, émaillée en couleurs, de forme balustre octogone, à décor d'ustensiles sur fond jaune. Monture en bronze ciselé et doré, à quatre pieds, deux anses et couvercle ajouré. Style Louis XV.

OBJETS DE VITRINE

BOITES, TABATIÈRES, MINIATURES, ÉVENTAILS, BIJOUX, ETC.

194 — Deux petits nestkés. — Chinois tenant un crabe. — Homme portant une grenouille. — Groupe de quatre figures. Ivoires de travail japonais.

195 — Huit éventails à montures de nacre ou d'ivoire, les feuilles en soie ou parchemin avec sujets peints des XVIIIe et XIXe siècle (ce lot sera divisé).

196 — Deux cachets-breloques et une clé de montre en or. Époque Restauration.

197 — Étui en galuchat, renfermant un fusil-miniature avec ses accessoires.

198 — Flacon à sel en cristal taillé ; monture en or ; le bouchon avec émail bleu et perles cabochons.

199 — Flacon à sel en cristal ; monture en or de couleur et bouchon orné d'une perle fine.

200 — Miniature ronde peinte à la gouache : *la Culbute*. Cadre en bois noir. XVIIIe siècle.

201 — Miniature rectangulaire peinte en grisaille : *Bacchanale*. Cadre en bronze ciselé et doré de style Louis XVI.

202 — Miniature ronde de la fin du XVIIIe siècle : Buste d'homme nu. — Autre miniature : Portrait de femme.

203 — Bague en or, le chaton en médaillon ovale, orné d'une corbeille de fleurs en roses. Époque Louis XVI.

204 — Boucle en or filigrané et pierres de couleur. — Médaille en argent. — Canif-breloque. — Boîte ronde, nacre et or.

205 — Montre en or à cadran cerclé de roses ; au revers, médaillon émaillé : portrait de jeune femme. Époque Louis XVI.

206 — Petite montre en forme de vase à anses grecques, or émaillé. Travail de Genève de la fin du XVIIIe siècle.

207 — Bonbonnière ronde en or, doublée d'écaille, ornée sur le dessus d'une miniature, portrait d'homme, en habit bleu, à revers rouge : signée et datée, *Bréca, 1795*. Époque Louis XVI.

208 — Petite boite ronde en or ciselé à cage, ornée de six miniatures en grisaille : paysages et trophées. Époque Louis XVI.

209 — Petite boite ronde en or à rinceaux de feuillage et vannerie. Empire.

210 — Boite ovale en cuivre doré simulant la vannerie : les deux faces en porcelaine décorée. Époque Louis XVI.

210 bis — CEINTURE en argent ciselé et doré enrichie de perles et de pierres de couleur.

211 — BOITE rectangulaire en agate ; monture en or ciselé à rinceaux et rocailles. Style Louis XV.

212 — BOITE de forme oblongue en argent émaillé.

213 — BOITE rectangulaire à angles arrondis en or ciselé et émaillé : guirlandes, rinceaux et amours. Époque Empire.

214 — BOITE ronde en écaille cerclée d'or ; sur le dessus, miniature, portrait de femme se coiffant. Époque Empire.

215 — TRÈS PETITE BOITE ronde en argent ciselé doré. Époque Empire.

216 — TRÈS PETITE BOITE à parfum, rectangulaire à angles coupés, en or ciselé. Époque Empire.

217 — TRÈS PETITE BOITE ronde en agate montée en or, à rosaces, rocailles et branchages fleuris ; sur le bord du couvercle on lit en lettres d'or sur émail blanc : *Point d'amour sans retour*. Époque Louis XVI.

218 — BOITE rectangulaire à angles coupés, en or guilloché et émaillé ; sur le couvercle, fixé à sujet mythologique. Époque Empire.

219 — PETITE TABATIÈRE en or de couleur ciselé ; branchages fleuris et rinceaux en relief. Époque Restauration.

220 — Bonbonnière, forme ballon, en or ciselé et émail bleu, avec semis d'étoiles d'or, le dessus à rosace et bordure émaillée en couleur. Époque Louis XVI.

220 *bis* — Flacon Louis XV, en or ciselé à rocailles, petites figures et animaux, partiellement émaillé en couleurs.

ORFÈVRERIE

OBJETS MONTÉS EN ARGENT

221 — Objets divers de bureau : Papeterie et plumier en cristal gravé, avec monture en argent doré. — Buvard et bloc-notes ornés d'une plaque d'argent découpée à jour, gravée et dorée.

222 — Bouton d'appel de sonnerie électrique, en ancienne porcelaine de Saxe; monture en argent ciselé et doré, de style Louis XVI, de la maison *Boin-Taburet*.

223 — Petite coupe circulaire, faite d'une soucoupe en ancienne porcelaine tendre de Sèvres, à bouquets de fleurs et bordure bleue, montée en forme de corbeille à deux anses, en argent doré. Maison *Boin-Taburet*.

224 — Paire de très petits vases-cachepot, faits chacun d'une tasse en ancienne porcelaine tendre de Sèvres, à fond rose et médaillon en couleurs, à sujet pastoral, d'après J.-B. Huet, montée à deux anses en argent ciselé et doré. Maison *Risler et Carré*.

225 — Paire de flambeaux en argent, à têtes de sphinx et pieds-griffes. Époque Empire.

226 — Petite lampe à esprit-de-vin, en argent doré, de style Louis XVI.

227 — Vase de forme ovoïde, à quatre anses, en poterie, à décor de fleurs et irisations. Monture en argent doré faite de feuillage, pampres de vigne et grappes de raisin. Marque *K. G. Lunéville*.

228 — Vase-couvert ou brûle-parfum, en or et en argent fondu, ciselé et patiné. Composition *modern-style*, avec figures ou sujets allégoriques, émaux cloisonnés, etc. Travail de *Lalique*, signé.

Haut., 35 cent.

Exposition Universelle de 1900.

OBJETS VARIÉS

229 — Buvard fait d'une ancienne reliure, petit in-folio en maroquin aux armes d'un cardinal, encadrement à rinceaux, en dorure. xviiie siècle.

230 — Petite console-support en bois sculpté doré, à culot de feuillage.

231 — Paire de petites consoles-supports, en bois sculpté doré, à ramages de feuillage.

232 — Vase à fleurs en verre à reflets irisés, marqué : *Copillet et Cie, à Noyon.*

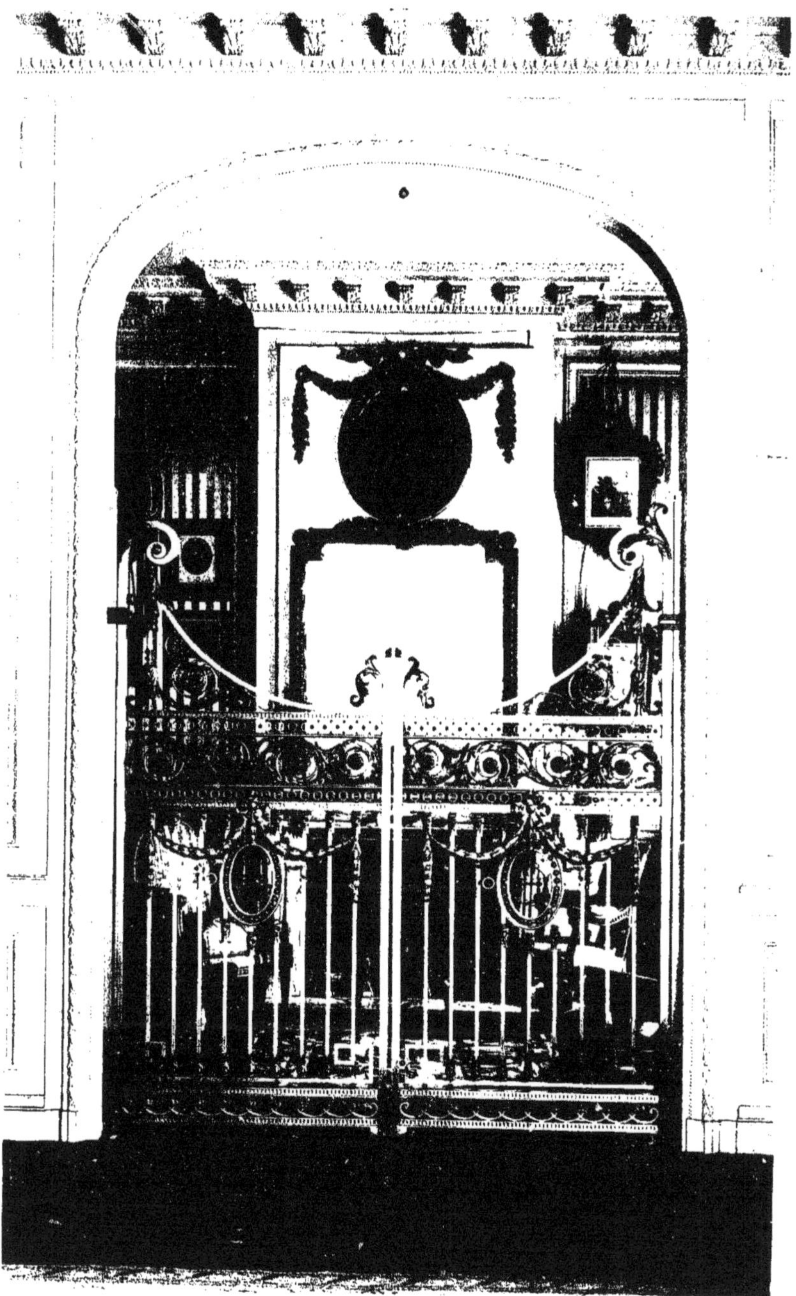

233 — Corbeille en porcelaine, décorée en couleurs, de fleurs sur un treillage ; monture avec anse en bronze ciselé et doré, de style Louis XVI. Disposée pour l'éclairage électrique. *Maison Damon.*

234 — Corbeille à papier ou jardinière en acajou, avec garniture de métal. Époque Louis XVI.

235 — Colonne-support, avec tablette supérieure tournante, en marbre onyx, avec chapiteau et vase en bronze doré.

Haut., 1 m. 07.

236 — Deux futs de colonnes ou supports en marbre de couleur, reposant chacun sur base moulurée et socle octogone, en marbre blanc.

Haut., 1 m. 18

237 — Grille de séparation des deux salons, ouvrant à deux battants, en fer forgé et bronze ciselé, richement ornementée de feuillages, guirlandes, rinceaux et médaillons ovales renfermant les chiffres *H. C.* entrelacés. Elle porte gravée l'inscription : *Exécutée et composée par E. Robert, à Paris, 1902.*

Largeur totale : 2 mètres.

SCULPTURES

ANCIENNES ET MODERNES

MARBRE, TERRE CUITE, BRONZE, BOIS, ETC.

238 — Groupe en terre fine cuite, dans la manière de Clodion : Faune et Bacchante.

Haut., 35 cent.

239 — Groupe en terre cuite, d'après Clodion : Faune portant une bacchante.

Haut., 56 cent.

240 — Groupe en terre cuite dans le goût de Clodion : Faune, nymphe et amour.

Haut., 42 cent.

241 — Statuette en marbre blanc dans la manière de Clodion : *Bacchante endormie.*

Haut., 53 cent.

242 — Socle-support cylindrique, en terre cuite peinte ornée d'une draperie, sur base en bois peint en imitation de marbre.

Haut. totale, 80 cent.

243 — Statuette en albatre : Jeune femme à la rose.

Haut., 80 cent.

244 — Petit groupe en marbre blanc : Vénus et l'Amour.

245 — Deux vases décoratifs Louis XV, pouvant faire pendants, en marbre blanc sculpté, décorés de feuillages, mascarons et fleurs, en bas-relief.

Haut., 56 cent.

246 — Statuette : Amour nu assis, en marbre blanc. Signée : *G^me Geefs.*

Haut., 82 cent.

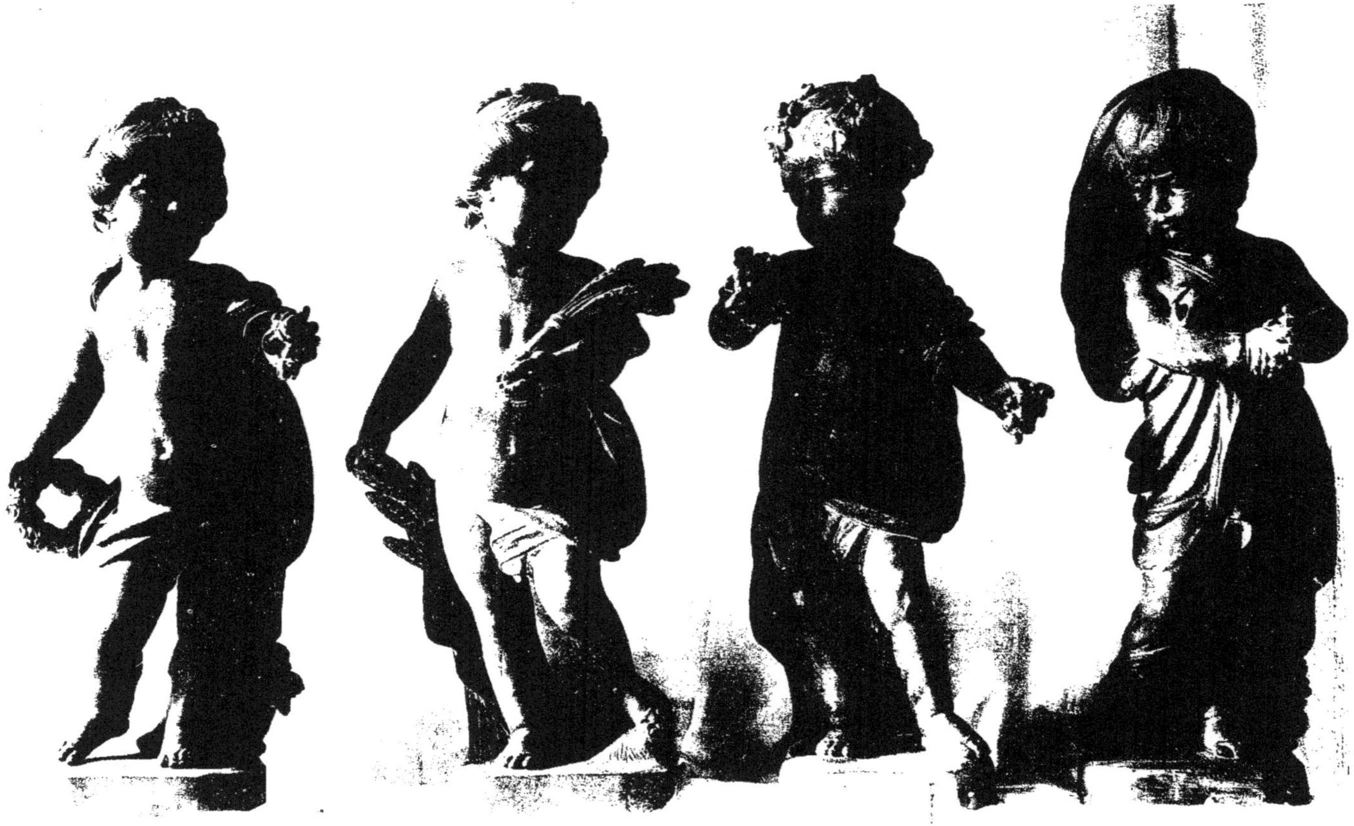

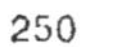

247 — Statue ancienne, en marbre blanc : *Vénus accroupie*, d'après l'antique, sur socle fût de colonne cannelée simulant la pierre.

Haut. de la statue, 1 m. 15.

248 — Deux petits bustes de femmes, en terre cuite, sur socles ou piédouches en marbre. Époque Régence.

249 — Groupe en terre cuite : Jeune femme assise retenant un Amour debout appuyé contre elle. XVIIIe siècle.

Haut., 43 cent.

250 — Quatre statuettes : Enfants debout, nus ou drapés, figurant les *Quatre Saisons*. L'une d'elles porte, en toutes lettres, la signature *P. Geenrits*, les trois autres, les initiales *P. G.* XVIIIe siècle.

Haut., 87 cent.

251 — Groupe représentaut deux enfants debout. Marbre blanc du XVIIIe siècle.

Haut., 73 cent.

252 — Deux bustes de femmes, en marbre blanc, sur piédouche de même matière. Ils reposent sur des fûts de colonnes simulant le marbre.

Haut. des bustes, 76 cent.

253 — Statuette de Chinois Louis XV, dans le goût de Le Prince, en bronze patiné.

Haut., 29 cent.

254 — Deux statuettes d'enfants nus debout, en bronze patiné. Chacune repose sur une colonne-support en bois peint, ornée de guirlandes dorées de style Louis XVI.

255 — Deux statuettes de saints personnages, en bois sculpté polychromé. Fin du XVIe siècle.

BRONZES D'AMEUBLEMENT
ET D'ÉCLAIRAGE

PENDULES ET CANDÉLABRES

256 — Suspension de billard à quatre lumières électriques en cuivre. Modern-style.

257 — Lampadaire électrique, forme torche, en bronze patiné et doré.

258 — Lanterne d'escalier en bronze et verre de style Louis XVI, disposée pour l'éclairage électrique.

259 — Deux lanternes de vestibule en bronze doré et verre gravé, de style Louis XVI, disposées pour l'éclairage électrique.

260 — Lanterne en bronze et cristaux, de style Louis XVI, disposée pour l'éclairage électrique.

261 — Plafonnier électrique en bronze doré et cristaux, de style Louis XVI.

262 — Lustre en bronze et cristaux, de style Louis XVI, disposé pour l'éclairage électrique.

263 — Suspension électrique en bronze, de style Louis XVI, formée de trois flambeaux, soutenus par une draperie et un nœud de ruban.

264 — Lustre en bronze ciselé et doré, à figurines d'amours, guirlandes et congélations, orné de cristaux, de style Louis XVI, disposé pour l'éclairage électrique.

265 — Paire d'appliques, en forme de demi-lustre, pour poser sur des glaces, de même ornementation et pouvant accompagner le lustre précédent. Elles sont soutenues par un ruban noué à la partie supérieure, en bronze doré. Disposées pour l'éclairage électrique.

265 *bis* — Grande lampe en marbre blanc et bronze doré, de style Louis XVI; la base ornée de trois enfants jouant du tambourin. Elle est munie d'un abat-jour en soie brodée.

266 — Paire de bras-appliques à deux lumières richement ornementés de mascaron, animaux et feuillages en bronze bleui et bronze doré. Style Louis XVI.

267 — Paire de petits candélabres Louis XVI, à deux lumières, formés chacun d'une statuette d'enfant nu, en bronze patiné, portant un flambeau à deux branches-lumières. Socles en marbre blanc moulurés de bronze doré.

Haut., 58 cent.

268 — Garniture de cheminée en bronze, de style Louis XVI, comprenant une pendule: *Char et Amour*, et deux candélabres à trois lumières.

269 — Pendule en bronze ciselé et doré avec figure de femme debout, symbolisant *l'Astronomie*, sur socle orné de bas-reliefs. Époque de la Restauration.

270 — Paire de vases, forme urne, à deux anses, cols de cygne, sur socles carrés, ornés de couronnes en bronze doré. Époque de la Restauration.

271 — Pendule en bronze patiné, bronze doré et marbre. Le mouvement se trouve placé sur un socle de base entre deux figures de femmes-liseuses. Époque de la Restauration.

Larg., 70 cent.

272 — Paire de grands candélabres à cinq lumières, formés chacun d'une statuette de femme ailée debout, en bronze patiné, portant un bouquet, sur socle en marbre, orné de bronzes dorés. Époque de la Restauration.

Haut., 80 cent.

273 — Pendule Louis XVI, en bronze ciselé et doré. Le mouvement avec cadran de *Causard, hger du Roy*, est surmonté d'un coq et placé entre une mappemonde et une figurine d'Amour assis, tenant un livre. Socle à entrelacs et rosace.

274 — Pendule en marbre blanc, forme fût de colonne avec mouvement encastré et cadran marqué : *Bouchet, horloger du roi*. Elle est ornée d'appliques en bronze doré et surmontée d'une statuette d'Amour nu assis, en bronze patiné.

Haut., 57 cent.

275 — Pendule en bronze ciselé, doré et patiné : Jeune femme et Amour sacrifiant sur un autel. Socle en forme de terrasse et base ovale en marbre blanc. Époque Louis XVI.

276 — Petite pendule, forme fût de colonne cannelée, en marbre blanc, couronnée d'un groupe de colombes et attributs de l'amour en bronze ciselé et doré. Le cadran marqué : *Festeau le Jenne, à Paris*, est encadré de guirlandes de roses avec nœud de ruban ; base moulurée, de perles et millerai. Époque Louis XVI.

277 — Pendule en marbre blanc à pilastres, portant le mouvement avec cadran à devise. Elle est ornée de petites appliques en bronze doré et de petits médaillons en biscuit blanc, sur fond bleu. Époque Louis XVI.

278 — Pendule-cartel d'applique, en bronze ciselé et doré à rocailles et feuillages. Époque Louis XV.

Haut., 57 cent.

279 — Pendule-régulateur Louis XVI, en acajou mouluré, orné de rais-de-cœur en bronze ciselé et doré. Sur le cadran émaillé, on lit : *Ferdinand Berthoud, à Paris.*

Haut., 2 m. 20.

280 — Paire de chenets en bronze ciselé et doré ; modèle à vase et cassolette. Style Louis XVI.

281 — Paire de chenets en bronze patiné et bronze doré, de style Louis XVI. Galerie à rinceaux de feuillage, portant un Amour ailé, traîné par un cygne.

282 — Paire de chenets en bronze, de style Louis XVI : modèle à flammes et carquois.

283 — Paire de chenets en bronze ciselé et doré, formés chacun d'un chien assis sur un lambrequin et socle à double volute. xviiie siècle.

284 — Paire de vases, forme Médicis, ornés de bas-reliefs dans le goût de l'antique, en bronze partiellement doré.

285 — Paire de petits vases, simulant des cassolettes en marbre ; monture à trépied en bronze ciselé et doré. Style Louis XVI.

286 — Vase, forme urne, avec couvercle, en spath-fluor : monture en bronze ciselé et doré à anses têtes de béliers, collerette, piédouche et socle. Époque Louis XVI.

Haut., 23 cent.

287 — Paire de vases, de forme ovoïde, en marbre de couleur ; riche monture en bronze ciselé et doré : anses à têtes de béliers, guirlandes, culot et piédouche. Style Louis XVI.

GLACES-TRUMEAUX, MIROIRS

288 — Glace-trumeau à encadrement de baguettes et rinceaux de feuillages, coquilles, rocailles, etc., en bois sculpté, doré sur fond peint. Époque Régence.

Haut., 2 mètres ; larg., 1 m. 20.

289 — Glace-trumeau en bois sculpté peint à rocailles, feuillages et attributs. Époque Louis XV.

Haut., 1 m. 80 ; larg., 1 mètre.

290 — Glace-miroir en bois sculpté doré, encadrement de baguette surmonté d'un trophée d'attributs de musique. Époque Louis XVI.

291 — Glace Louis XVI, en bois sculpté doré à moulure tore de laurier, surmontée d'un fronton de couronnement orné des attributs de l'Amour et chutes de guirlandes de fleurs.

Haut., 1 m. 80 ; larg., 1 m. 15.

292 — Glace-trumeau en bois sculpté peint et partiellement doré, avec baguettes d'encadrement et motif supérieur, à trophée d'instruments de musique. Époque Louis XVI. Il est muni d'une paire de bras-appliques à trois lumières, en bronze, disposés pour l'éclairage électrique.

(Les appliques seront vendues à part.)

293 — Deux glaces, en bois sculpté doré, à moulures ornées de festons de feuillages et fleurs, avec couronnement fait d'un nœud de ruban.

Haut., 2 m. 85 ; larg., 78 cent.

SIÈGES ANCIENS ET MODERNES

294 — Canapé-sopha et deux fauteuils recouverts en velours frappé rouge.

295 — Fauteuil-bergère à oreilles, de style Louis XVI, en chêne sculpté, recouvert de velours.

296 — Quatre chaises à dossier ajouré, de style Louis XVI, en chêne sculpté, recouvertes de velours.

297 — Canapé et quatre fauteuils en bois sculpté, peint et partiellement doré, recouverts d'étoffe à fleurs. Style Louis XVI.

298 — Deux fauteuils à dossier médaillon, en bois sculpté doré, ornementés de ruban, laurier et guirlandes; ils sont recouverts d'ancienne soie brochée à fleurettes.

299 — Tabouret rectangulaire, de forme basse, en bois sculpté doré, à rosaces et guirlandes, de style Louis XVI. Il est recouvert d'ancienne soie brochée, à rayures et fleurettes.

300 — Fauteuil a coiffer en bois sculpté doré, garni de soie brochée. Style Louis XVI.

301 — Fauteuil canné en bois laqué. Style Louis XV.

302 — Petit canapé et deux fauteuils cannés, en bois sculpté peint, de style Louis XV. Ils sont munis de coussins garnis de soie.

303 — Quatre chaises Louis XV, en bois sculpté redoré. Elles sont recouvertes en velours ou soie à fleurettes.

304 — Petite banquette cannée, de style Louis XV, en bois sculpté doré, garnie d'un coussin de dentelle. Elle s'ouvre et renferme, dissimulée sous le siège, une cuvette de toilette en argent.

305 — Bergère en bois sculpté doré, de forme mouvementée, à feuillages. Elle est recouverte de soie crème, avec applications de broderie à la chenille. Époque Louis XV.

306 — Tabouret de pied rectangulaire, en bois sculpté doré; garniture de soie crème avec applications de broderie à la chenille.

307 — Deux bergères en bois mouluré, sculpté et ciré, de forme mouvementée, et ornées de roses, fleurs et feuillages. Époque Louis XV. Elles sont recouvertes d'ancienne soie brochée à fleurs.

308 — Fauteuil de bureau, en bois sculpté ciré, garni de cuir. Époque Louis XV.

309 — Canapé, fauteuil et deux chaises cannés, en bois sculpté repeint et munis de coussins en velours. Époque Louis XV.

310 — Fauteuil et deux chaises, en bois laqué blanc et couleur. Époque Louis XV.

311 — Bergère et deux chaises, à dossier ovale, en bois sculpté redoré à perles, rais-de-cœur et entrelacs. Garniture de soie brochée à rayures et fleurettes. Époque Louis XVI.

312 — Bergère à dossier cintré, en bois sculpté à ruban, partiellement doré, du temps de Louis XVI; elle est recouverte et munie d'un coussin en ancienne soie brochée, à rayures rouges et fleurettes en couleurs.

313 — Six chaises à dossier cintré et contourné, avec siège rond, à quatre pieds consoles, en bois sculpté doré, portant l'estampille de *Jacob*, du commencement de l'époque Louis XVI. Elles sont recouvertes d'ancienne soie brochée à fleurettes.

314 — Fauteuil et deux chaises, à dossier cintré et bois sculpté peint, recouverts en soie brochée à rayures. Époque Louis XVI.

315 — Deux chaises en bois sculpté peint, à dossier renversé et colonnettes. Époque Directoire.

SIEGES ET ÉCRAN

RECOUVERTS EN ANCIENNE TAPISSERIE

316 — Ameublement de salon composé d'un canapé et quatre fauteuils en bois sculpté peint, recouvert en ancienne tapisserie d'Aubusson ; personnages avec draperie et fleurs aux dossiers, animaux aux sièges. Époque Louis XVI.

Longueur du canapé, 1 m. 65.

317 — Fauteuil-marquise en bois sculpté peint, recouvert en ancienne tapisserie d'Aubusson à personnage et animaux aux siège et dossier. (Pouvant accompagner l'ameublement précédent.)

318 — Canapé de forme cintrée, en bois sculpté doré, de style Louis XVI. Le dossier offre trois compartiments, dont deux ajourés à trophées de musique et celui du centre recouvert d'une ancienne tapisserie du XVIIIe siècle, représentant un Amour dans un paysage ; le siège est également recouvert d'ancienne tapisserie à médaillon central avec attributs et chutes de fleurs de chaque côté.

Long., 1 m. 25.

319 — Deux tabourets de pied, de forme ovale, en bois sculpté peint, de style Louis XVI. Ils sont recouverts d'ancienne tapisserie d'Aubusson, à bouquets de fleurs.

320 — Écran en bois sculpté peint, de style Louis XVI ; il est muni d'une feuille en ancienne tapisserie d'Aubusson : figure d'enfant et corbeille de fleurs.

MEUBLES ANCIENS & MODERNES

321 — Ameublement de salle a manger, de style Louis XVI, en bois sculpté peint et ornements en bronze ciselé et doré.

Il comprend :

Une table ovale à allonges, avec son dessus en soie, garnie de dentelle.

Long., 1 m. 55 ; larg., 1 m. 40.

Deux fauteuils cannés, munis de coussins.

Dix chaises cannées, munies de coussins.

Deux petites tables-glacières, de forme ovale, avec dessus de marbre blanc.

Deux meubles-servantes à coins arrondis formant étagères, et porte centrale ornée d'un médaillon en biscuit encadré de guirlandes en bronze doré; tiroirs à la ceinture et dessus de marbre blanc.

Long., 1 m. 80; prof., 60 cent.

322 — Grande console-desserte à plateau reposant sur quatre pieds à volutes, en marbre brèche violette et ornée de bronzes ciselés et dorés. Style du XVIIIe siècle.

Long., 2 m. 30; prof., 52 cent.

323 — Table a jeu en acajou, garnie de bronzes.

324 — Escalier roulant de bibliothèque à balustrade et main-courante en bois peint.

325 — Billard en bois laqué et ses accessoires.

326 — Bidet en bois de fer, muni d'une cuvette en ancienne porcelaine de la Compagnie des Indes, à décor en couleurs et dorure : branchages fleuris.

327 — Paire de jardinières, de forme contournée, en bois peint, ornées chacune au centre d'une gaine-support. Style Louis XVI.

Largeur des jardinières, 1 m. 65.
Hauteur des gaines, 1 m. 18.

328 — Petit guéridon-support à trois pieds, en bois sculpté doré à guirlandes ; dessus de marbre. Style Louis XVI.

329 — Écran en bois sculpté doré, de style Régence, garni d'une feuille en soie brochée et lamée de métal.

330 — Table avec étagère à tiroirs et glaces, en bois laqué. Style Louis XV.

331 — Grande armoire à trois compartiments ; celui du centre est à porte à glace biseautée, ceux de côté à tiroirs et compartiments. De forme mouvementée et très richement ornée de bronzes ciselés et dorés à motifs de rocailles, feuillages et amours porte-lumières. Style Louis XV.

Haut., 2 m. 85 ; larg., 2 m. 60.

332 — Importante toilette, de forme contournée, ouvrant à trois portes et tiroirs, dessus de marbre brèche, et glace à trois compartiments. Elle est très richement ornée de bronzes ciselés et dorés à feuillages, rocailles et amours porte-lumières, de composition analogue à l'armoire précédente. Style Louis XV.

Haut., 2 m. 25 ; larg., 2 m. 30.

333 — Petite table, forme rognon, à quatre pieds cambrés et tablette, en marqueterie de bois à fleurs.

334 — Petit meuble de forme contournée, sur quatre pieds élevés et cambrés, en marqueterie de bois de placage à quadrillés. Il ouvre à deux portes et un tiroir, et est surmonté d'un gradin muni de très petits tiroirs.

Haut., 1 mètre.

335 — VITRINE rectangulaire ouvrant à deux portes à petits carreaux, ornées à la base de bas-reliefs en biscuit, en bois de placage et garnie de cuivres. Dessus de marbre blanc. Style Louis XVI.

Haut., 1 m. 52 ; long., 1 m. 25 ; prof., 40 cent.

336 — TABLE rectangulaire à quatre pieds-gaines, en marqueterie de bois de placage, ornée sur le dessus d'un panneau ancien en laque à fond noir et sujet en couleurs.

Long., 86 cent. ; larg., 52 cent.

337 — MEUBLE D'ENTRE-DEUX Louis XVI à hauteur d'appui, forme demi-lune, sur quatre pieds fuselés, ouvrant à deux portes et un tiroir, en marqueterie de bois de placage en couleurs : sur les deux portes, paysage animé de figures et animaux ; sur la ceinture, canaux simulés, et sur les côtés, carrelages réguliers avec fleurettes. Garniture de bronzes dorés. Dessus de marbre gris.

Haut., 1 m. 13 ; long., 1 m. 09 ; prof., 51 cent.

338 — MEUBLE D'ENTRE-DEUX ouvrant à deux portes, tiroir et tablette mobile, en marqueterie de bois de placage, garni de cuivres. Dessus de marbre.

339 — PETITE TABLE-VITRINE de forme rectangulaire en bronze ciselé et doré, à quatre pieds, formés de carquois, reliés par un croisillon avec corbeille ajourée au centre. Style Louis XVI.

340 — JARDINIÈRE faite d'un berceau en bois sculpté peint.

341 — TABLE-BUREAU rectangulaire, de style Louis XVI, à pieds fuselés, en chêne sculpté.

342 — TABLE A JEU, le dessus ouvrant à charnières, avec tiroir au-dessous, en marqueterie de bois de couleurs à fleurs et feuillages. Travail hollandais du XVIIIe siècle.

343 — PETITE TABLE à ouvrage Empire, en acajou avec tablette.

344 — MEUBLE-JARDINIÈRE, à quatre pieds cannelés et tiroir à écoulement d'eau, en acajou, orné de moulures et d'une galerie ajourée en cuivre. Époque Louis XVI.

345 — BUREAU plat rectangulaire, à quatre pieds gaines, ouvrant à trois tiroirs à la ceinture, en bois de placage et garniture de cuivres. Dessus en maroquin. Époque Louis XVI.

Long., 1 m. 60 ; larg., 85 cent.

346 — PETITE COMMODE droite, élevée sur quatre pieds cambrés, ouvrant à deux tiroirs, en bois de placage, garnie de cuivres. Dessus de marbre. Époque Louis XVI.

347 — PETITE TABLE à ouvrage Louis XV à quatre pieds cambrés élevés et tablette inférieure ; elle ouvre à trois tiroirs. Bois de placage et dessus de marbre ceinturé d'une galerie ajourée en cuivre.

348 — PETIT MEUBLE reposant sur quatre pieds fuselés et cannelés, ouvrant à quatre portes avec tiroir-bureau au centre, en marqueterie de bois de placage, garni de cuivres et galerie ajourée sur le dessus.

Haut., 98 cent.; long., 54 cent.; larg., 37 cent.

349 — Petite table ronde, à deux volets pliants, sur quatre pieds-gaines, en bois de placage. Époque Louis XVI.

Diam., 70 cent.

350 — Console Louis XVI, forme demi-lune, à quatre pieds fuselés et cannelés en bois sculpté peint; la ceinture ornée de perles et entrelacs ajourés à rosaces. Dessus de marbre.

Larg., 90 cent.; prof., 50 cent.

351 — Console rectangulaire à quatre pieds fuselés cannelés réunis par un croisillon en bois sculpté peint et partiellement doré; ceinture ajourée et guirlandes de fleurs. Dessus de marbre blanc veiné. Époque Louis XVI.

Long., 1 m. 50; prof., 70 cent.

352 — Paire de consoles forme demi-lune, à trois pieds volutes terminés et réunis en griffes; rinceaux ajourés à la ceinture. Dessus de marbre blanc (une est d'époque Louis XVI, l'autre moderne).

Haut., 92 cent.; larg., 82 cent.

353 — Commode ouvrant à deux tiroirs, en marqueterie de bois de placage: médaillons et carrelages avec fleurettes; garnitures de bronzes. Dessus de marbre. Époque Louis XVI.

Long., 1 m. 12.

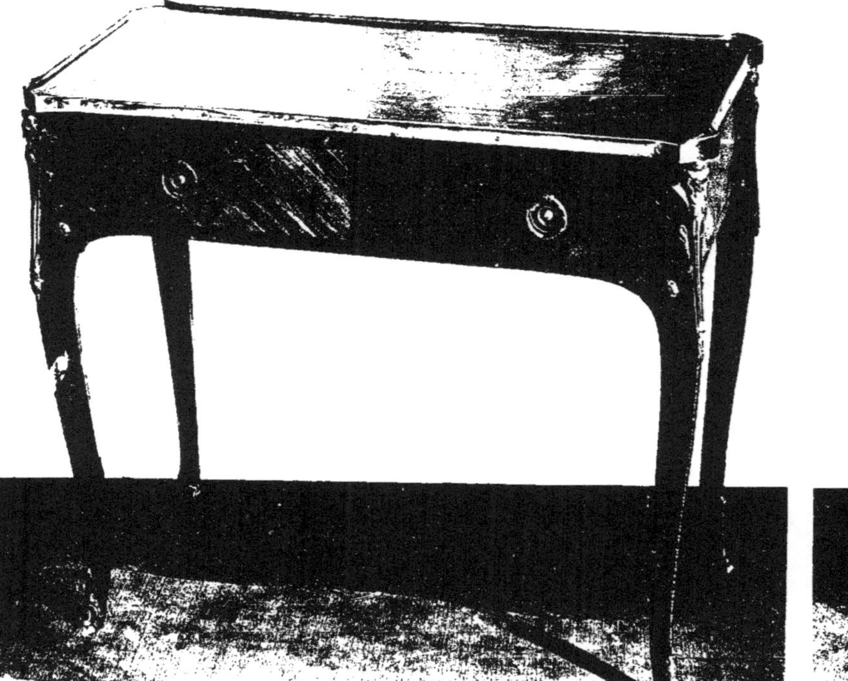

369

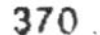

370

354 — PETIT MEUBLE ou table ouvrant à deux tiroirs, dont l'un avec compartiment muni de flacons en cristal et de pots à pommade en porcelaine tendre de Mennecy. Sur la table s'élève un corps supérieur, ouvrant à abattant, avec tiroirs intérieurs ; marqueterie de bois de couleurs sur trois faces ; guirlandes et gerbes de fleurs. Époque Louis XVI.

Haut., 1 mètre ; long., 50 cent. ; prof., 34 cent.

355 — COMMODE ouvrant à trois rangées de tiroirs sur quatre pieds cambrés, en marqueterie de bois de placage, à vase fleuri au centre sur fond carrelé. Riche garniture de bronzes ciselés et dorés dont une frise à rinceaux de feuillages sur le tiroir supérieur. Dessus de marbre blanc. En partie de l'époque Louis XVI.

Long., 1 m. 20.

356 — GRAND LIT d'alcôve, en bois sculpté et doré à motifs de feuillages, chutes de fleurs, médaillons et cornes d'abondance. Il est garni de soie bleu ciel, brodée au point de chainette. Époque Louis XVI.

Long., 1 m. 95 ; prof., 1 m. 50.

357 — LIT DE REPOS canné, en bois sculpté peint, orné de feuillages et d'un groupe de colombes. Il est muni de trois coussins recouverts en velours à fond jaune.

Long., 2 m. 10.

358 — LIT canné, en bois sculpté peint en blanc. Époque Louis XVI.

359 — Petite table ronde à quatre pieds cannelés, ouvrant à tiroirs et tablettes; dessus ceinturé d'une galerie ajourée en cuivre. Époque Louis XVI.

Diam., 43 cent.

360 — Secrétaire droit à abattant, tiroir et deux portes, en maqueterie de bois de placage, à bandes verticales et filets à grecques. Garniture de bronzes et dessus de marbre. Époque Louis XVI.

361 — Table de nuit ou toilette en acajou, le dessus ouvrant à deux battants, avec tiroir mobile, garnie d'une cuvette et gobelets en verre taillé. Époque Louis XVI.

362 — Petite table à ouvrage, à trois tiroirs et tablette inférieure en bois de rose et dessus de marbre ceinturé de cuivre. Époque Louis XVI.

363 — Table rectangulaire à quatre pieds cambrés, avec tiroir, en bois sculpté peint, d'époque Régence. Dessus de marbre brèche d'Alep.

364 — Petite table rectangulaire, de forme contournée, sur quatre pieds cambrés, ouvrant à tiroir, en marqueterie de bois de placage à damier. Époque Louis XV.

Long., 54 cent.; larg., 36 cent.

365 — Bureau ouvrant à cylindre et deux rangées de tiroirs sur quatre pieds cambrés, en marqueterie de bois de placage : panneaux de fleurs ou trophées de musique sur fond à entrelacs et rosaces; garniture de cuivres. Époque fin Louis XV.

Haut., 1 m. 06; long., 1 mètre; prof., 48 cent.

366 — Secrétaire droit à abattant, deux portes, et tiroir supérieur en retraite, en marqueterie de bois de placage à corbeilles, fleurs et oiseaux sur ses trois faces; garniture de cuivres et dessus de marbre. Époque Louis XV.

Haut., 1 m. 38; larg., 81 cent.; prof., 34 cent.

367 — Petite table de forme contournée, à quatre pieds élevés et cambrés, ouvrant à trois tiroirs à la partie supérieure, avec tablette inférieure renfermant deux autres tiroirs ouvrant latéralement. Elle est en marqueterie de bois de placage et garnie de quelques petits bronzes. Époque Louis XV.

Long., 53 cent.; larg., 36 cent.

368 — Toilette-poudreuse de forme contournée, sur quatre pieds élevés et cambrés, à deux compartiments et glace mobile au centre, en bois de placage à filets. Époque Louis XV.

Long., 91 cent ; larg., 54 cent.

369 — Table rectangulaire à quatre pieds cambrés, en marqueterie de bois de placage, ornée sur le dessus d'un médaillon ovale à bouquet de fleurs sur fond à carrelage et encadrement de grecques. Garniture de bronzes ciselés et dorés. Estampille illisible d'un maître ébéniste de l'époque Louis XV.

Long., 83 cent.; larg., 40 cent.

370 — PETITE TABLE rectangulaire sur quatre pieds élevés et cambrés, réunis par une tablette inférieure d'entrejambe, en marqueterie de bois de placage sur ses quatre faces : quadrillés à fleurettes, grecques, etc. Elle ouvre à une porte à coulisse et tiroir-bureau ; dessus ceinturé d'une galerie ajourée en cuivre. Époque fin Louis XV.

Long., 43 cent.; larg., 32 cent.

371 — PETIT BUREAU de dame, forme dos d'âne, ouvrant à abattant et tiroirs, en bois de placage et garni de bronzes. Époque Louis XV.

Long., 65 cent.

372 — PETITE COMMODE de forme contournée sur quatre pieds élevés et cambrés, ouvrant à deux tiroirs en bois de placage et garnie de bronzes. Époque Louis XV.

Long., 75 cent.

373 — PETIT BUREAU BONHEUR-DU-JOUR, sur quatre pieds cambrés, en marqueterie de bois de placage à damier ; la partie supérieure ouvrant à coulisse ; garniture de cuivres et dessus de marbre ceinturé d'une galerie ajourée. Fin de l'époque Louis XV.

374 — TRÈS PETITE TABLE de forme contournée sur quatre pieds cambrés, en marqueterie de bois de couleur à vases fleuris ; dessus ceinturé de cuivre et garniture de bronzes. Époque Louis XV.

375 — PETITE TABLE à quatre pieds cambrés, ouvrant à deux portes avec deux tiroirs intérieurs, en marqueterie de bois de placage à fleurs et filets. Dessus de marbre brèche encastré. Époque Louis XV.

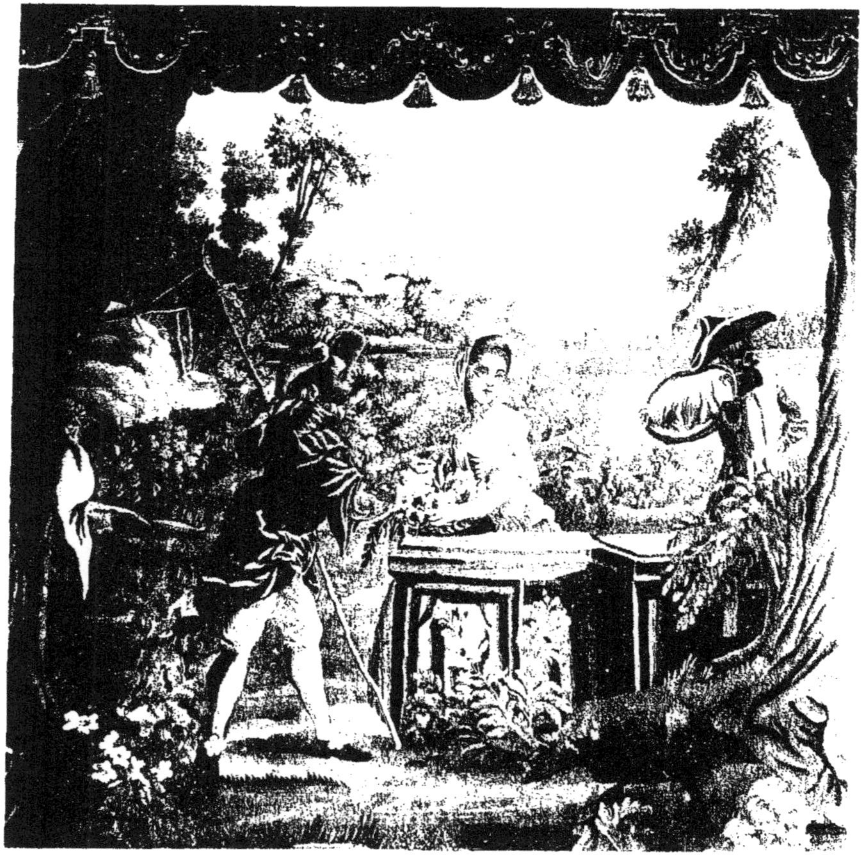

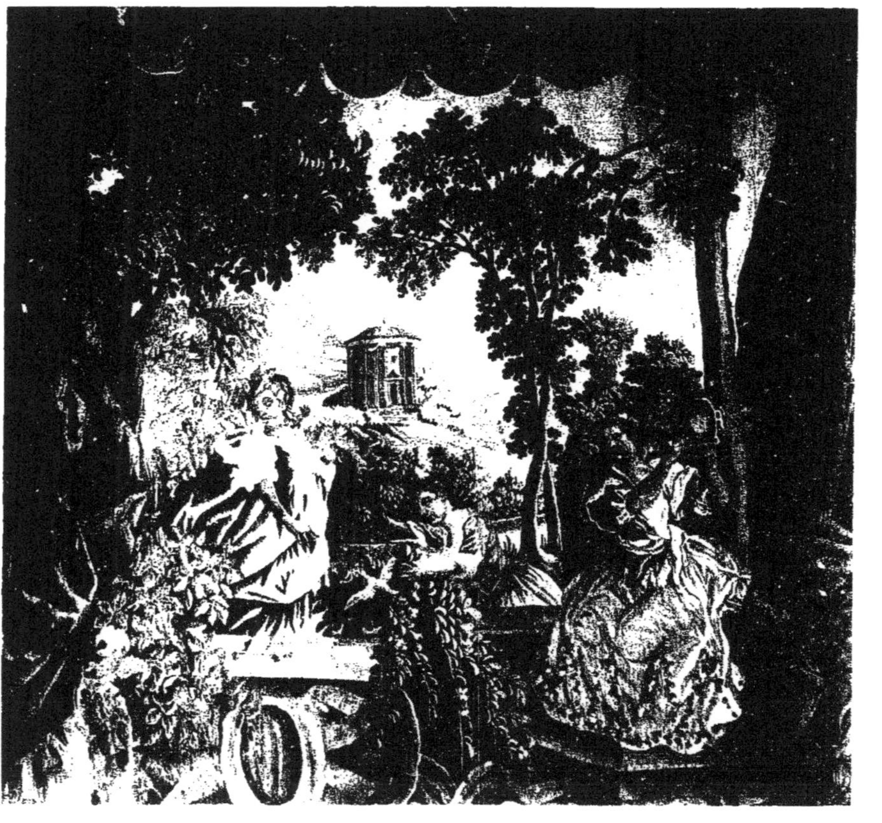

TAPISSERIES ANCIENNES

TAPISSERIE MODERNE

376 — Tapisserie flamande du xviiie siècle : *Sujet mythologique* tiré de l'histoire du dieu *Mercure.* Dans un paysage, au fond duquel est une cascade qui coule en un ruisseau vers la gauche, on voit, descendant du ciel, le dieu Mercure, portant en ses mains un jeune enfant que s'apprêtent à recevoir deux bergères assises gardant un troupeau; vers la droite, un groupe de trois servantes et, au premier plan, un enfant jouant avec un bouc et une chèvre ; à gauche, une vache et un bélier. Très belle conservation.

Encadrement de baguettes en bois sculpté doré.

Dimensions apparentes, les parties rentrées non comprises : Haut., 2 m. 40; larg., 3 m. 80.

377 — Tenture en ancienne tapisserie d'Aubusson du temps de Louis XV, comprenant quatre grands panneaux rectangulaires, un petit panneau d'entre-deux et deux dessus de porte. Chacune de ces tapisseries offre, sur fond de paysage, des personnages en riches costumes placés au premier plan auprès d'une balustrade : Berger ou bergère Watteau, danseuses, femmes de qualité à la promenade, suivies de nègres portant un parasol, etc. L'encadrement est formé de rideaux fer-

mant de chaque côté la composition, avec lambrequin à la partie supérieure formant bordure.

Très curieuse et très intéressante suite de composition originale et d'un coloris frais et clair.

Dimensions apparentes, les parties rentrées non comprises :

Panneaux :	Haut., 2 m. 20; larg., 2 m. 25.
»	Haut., 2 m. 20; larg., 2 m. 45.
»	Haut., 2 m. 20; larg., 2 m. 75.
»	Haut., 2 m. 20; larg., 3 m. 10.
»	Haut., 2 m. 20; larg., 0 m. 95.

Dimensions des dessus de porte :

Haut., 75 cent.; larg., 1 m. 40.

378 — Tapisserie rectangulaire de la manufacture d'Aubusson, du temps de Louis XV. Elle représente un groupe de quatre personnages jouant dans le parc d'un château que l'on aperçoit dans le lointain. Bordure d'encadrement à rinceaux de feuillages et fleurs.

Haut., 1 m. 95 ; long., 2 m. 20.

379 — Petit panneau rectangulaire en ancienne tapisserie d'Aubusson, du temps de Louis XV, offrant deux petits personnages dans un paysage.

Haut., 1 m. 70 ; larg., 50 cent.

380 — Panneau rectangulaire en tapisserie moderne à sujet pastoral dans le goût de Watteau : *La leçon de musique*. Fond de paysage. Encadrement de baguettes dorées à oves.

Haut., 1 m. 55 ; long., 2 mètres.

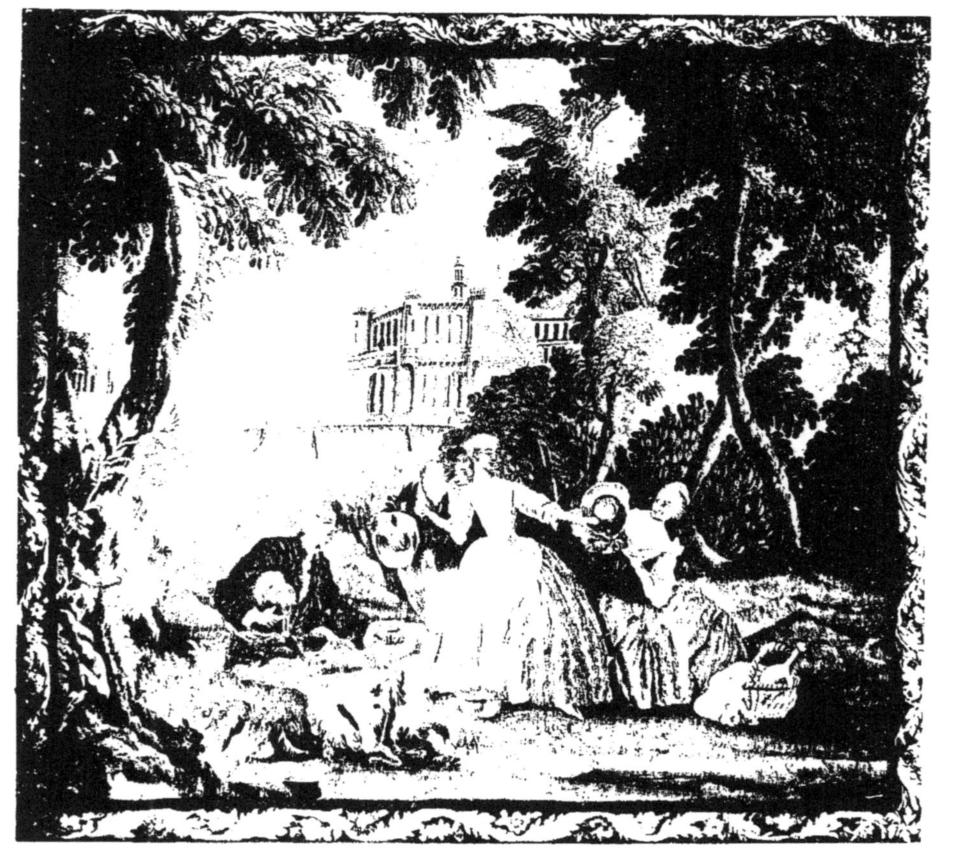

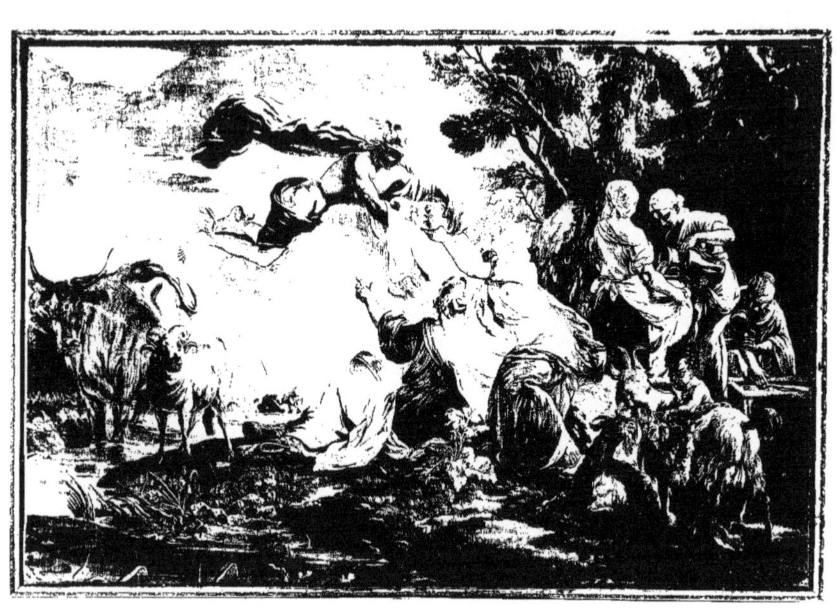

TAPIS ET CARPETTES

TAPIS D'ORIENT

381 — Sous ce numéro seront vendus des tapis ou carpettes d'Aubusson.

382 — Tapis persan en soie à fond rouge, chargé d'animaux avec oiseaux et ornements variés.

Long., 2 m. 55; larg., 1 m. 90.

383 — Petite carpette d'Orient en soie : médaillon central avec arabesques à oiseaux. Bordure d'encadrement à rinceaux.

Long., 1 m. 90; larg., 1 m. 25.

384 — Tapis-carpette d'Orient à fond blanc et semis régulier de fleurettes. Encadrement à sept bordures polychromes : médaillons, fleurons et ornements variés.

Long., 2 m. 20; larg., 1 m. 45.

385 — Tapis-carpette d'Orient, composé de quatre carpettes réunies à dessins variés.

Long., 4 m. 30; larg., 3 m. 90.

386 — Tapis de table en ancienne soierie brochée, à riches motifs de fleurs et fruits. Époque Louis XV.

387 — Lot de rideaux de vitrage et de fenêtre.

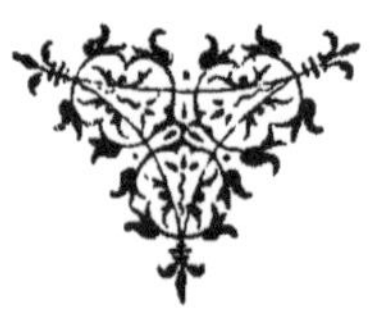

www.ingramcontent.com/pod-product-compliance
Ingram Content Group UK Ltd.
Pitfield, Milton Keynes, MK11 3LW, UK
UKHW021548260726
13993UKWH00002B/703

9 782329 541532